世界でいちばん
幸せに生きる
フィジーの人々の
暮らしを覗く

Martin Valigursky / Shutterstock.com

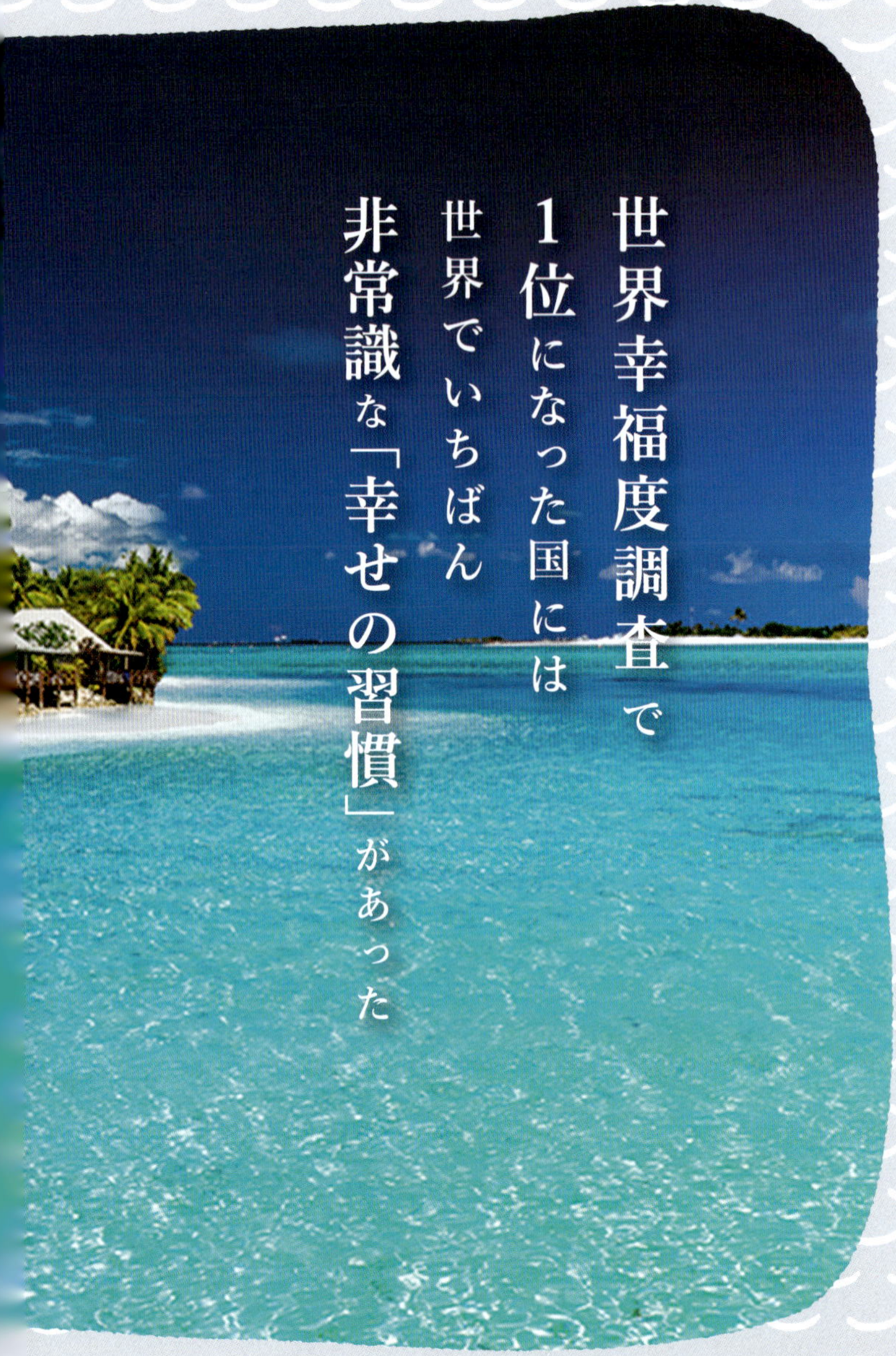

世界幸福度調査で
1位になった国には
世界でいちばん
非常識な「幸せの習慣」があった

Martin Valigursky / Shutterstock.com

「ケレケレ」という
言葉ひとつで、
モノにもお金にも困らない

「テキトー」な社会には、
自分も他人も許せる
心の余裕とゆとりがある

過去や未来のために
生きるのをやめたら、
「今」を犠牲にしなくてもいい

人生は、あなたが思うほど
悪くないことを
フィジー人は教えてくれる

はじめに

中学生の頃「宝くじに当たったら何をしたいか？」と同級生と話していた時、私は「世界一周」と「南の島に住む」と答えていたのを覚えています。叶うなんてとても信じられない夢のまた夢として。

時が経ち、大人になって、宝くじなんかに当たらなくても、それが実現可能なことを知りました。

世界一周後、南国の楽園に移住して、9年目になります。

その楽園の名前は「フィジー共和国」といいます。

「ふぃじー？　聞いたことはあるけど、どこにあるかも、どんな人たちが住んでいるのかもわからない」という方がほとんどでしょう。

日本から遠い遠い南の島国、フィジー。実はこの国、**２０１４年の「世界幸福度調査」で世界一になった**のです。

ある時、私もフィジー人と出会い、彼らが「世界でもっとも幸せを感じている民族」であることを知りました。そして共に暮らすことで、**日本人の私たちからすればあまりに非常識だけれど、着実に幸せを引き寄せる習慣をフィジー人は持っている**ことも知りました。

1　モノもお金も子どもでさえも「共有」すること
2　「テキトー」に生き「テキトー」を許すこと
3　過去と未来のために生きることをやめて「現在に集中」すること
4　他者との「つながり」に価値をおくこと

フィジー人に教えてもらった「幸福の習慣」を彼らに代わってお伝えしたいと思い、書いたのがこの本です。

フィジー人の幸福の習慣は一見すると、非常識なものばかりです。たとえば、財布から勝手にお金を抜かれることがあります。しかし、借金したお金さえ物乞いに渡してしまう親切な一面もあります。多くのお店の店員がマニュアルを守らずテキトーです。その代わり、お客さんもテキトーなのでモンスタークレーマーも存在しません。過去と未来をあまりにも気にしないので同じ失敗ばかり繰り返します。けれども、そのおかげで小さなことにクヨクヨすることがありません。

しかし、その非常識な幸福論の中には、目からウロコの習慣がいくつも転がっていました。

さて。ここでひとつ質問です。

「あなたは幸せになるために、日々、どんなことをしていますか？
そして、それらは本当にあなたを幸せにしていますか？」。

フィジーは、ブータンのように「国策で幸せを追求している国」ではありません。また、北欧のように「社会福祉が充実していて老後も安心な国」でもありません。それでもフィジーは「幸せの習慣を持つ人たちの集まり」だから、世界幸福度1位なのです。

ここがポイントです。幸せになるために国策を私たちがどうのこうのすることはできません。社会福祉を変えることも難しいことです。

しかし「習慣」は真似することができます。幸せになるために、すぐに変えることができるのです。この本はそのための本です。

「なぜ日本人は、こんなに豊かなのに幸せを感じられないんだろう？」。

あなたも一度は考えた疑問だと思います。であるならば、幸せになりたければ、幸せのスペシャリストから学ぶのがいちばんです。


「後悔しない生き方を始めるのに最適な時期は今である」。


経営コンサルタントのマーク・マチニックの言葉です。

生きづらさや孤独を感じている人、人間関係に疲れてしまった人、幸せなはずなのになんだか満たされない人、様々な人に、本書を通じてフィジー人の幸せな価値観に触れてもらえれば幸いです。

それでは、人生最後の日に後悔しないために、1日でも早く幸せな習慣を始めるために、世界でいちばん幸せなフィジー人の暮らしを覗いてみることにしましょう。

南の島フィジーより

Japan
Philippines
Indonesia
Papua New Guinea
Fiji
Australia
New Zealand

世界でいちばん幸せな国フィジーの

世界でいちばん
非《ひ》常《じょう》識《しき》な幸《こう》福《ふく》論《ろん》

Fiji's Happiness theory

はじめに

【序章】なぜ日本人は、豊かなのに幸せを感じられないのか？

【幸福の習慣①】

共有

幸せは「所有」して掴むのではなく「共有」して掴む

【幸福の習慣②】テキトー

テキトーを「適当」にしよう

【幸福の習慣③】
現在フォーカス
過去と未来のために生きることをやめる

【幸福の習慣④】

つながり

21世紀の「つながり幸福論」を手にしよう

【序章】

なぜ日本人は、
豊かなのに
幸せを感じられないのか？

「自分の仕事やキャリアのためなら、
みんなそれぞれかなりの努力をする。
それなのに、たいていの人は、自分の幸せのためには、
家でなんの努力もしないのだ」

アラン（哲学者）

土曜日のフィジー

朝6時頃、家の近くを走るサトウキビ列車（サトウキビを運搬する貨物列車）の「ファーーーン」という警笛音で目を覚まします。

部屋の壁掛け時計を見上げると1時20分。フィジーで買った時計は3つ目になりますが、いつもすぐに壊れてしまいます。

私は、5世帯が住む賃貸アパート（2階建て）の2階に、妻（日本人）と息子（0歳）の3人で住んでいます。

今日は土曜日。週に2回あるゴミの回収日です。黒いゴミ袋を1つ持って階段を下りると、真下（1階）に住むフィジー人家族の子どもたち3人がベランダにいて「オハヨーー！」と日本語で元気よく挨拶してきます。

ふくよかな（よく太った）母親も、ベランダで砂糖が4杯入った甘いコーヒーを飲みながら微笑んでいます。父親は携帯電話でだれかと話しています。あまりにも顔が大きいので、電話が小さく見えます。彼が話す時、通話口と口元が離れているので、電話はなぜかトランシーバーのように耳から離して使われています。

今日も、フィジーの幸せな1日のはじまりです。

アパートの門の前にゴミを出してから、向かいの一軒家のフィジー人家族のところに行きます。7歳の男の子と16歳の女の子が地面に落ちてあったマンゴーを拾って、楽しそうにキャッチボールをしています。

庭でケーンナイフ（サトウキビを刈るもの）を使ってココナッツの皮を剥いでいる彼らの父親に「僕の車は直りましたか？」と話しかけます。

彼は車やエアコンなどの修理工をしており、昨日、私の車の修理をお願いしていましたがまだ時間がかかるとのこと。

「わかりました」と返事をし、男の子に今日の予定を尋ねると「**家庭菜園の手入れをしたら、みんなでDVDを買いにいくねん**」と。フィジーでは海賊版のDVDが1枚2フィジー・ドル（F＄）、約120円で売られています。父親から「**朝ごはん食べてく？**」と聞かれますが、妻が朝食を準備してくれていたので「また今度」と断り、自宅に戻ります。

朝食後、紅茶を飲みつつのんびりしたり、生後5カ月の息子とボールで遊んだり。お昼前になって、家族3人でマーケットに買い出しにいくことにしました。

今日は車がないので、ミニバスに乗って出発。ミニバスとは10人乗りの乗合タクシーのことで、レゲエミュージックが大音量でかかっている中、空いていたいちばん後ろの座席に3人で座ります。停めてほしいところで、ドライバーに合図。その方法は、コインで窓ガラスを「コンコンコンッ」と鳴らす、もしくは口をすぼめて「チューッ」という音を鳴らします。私は前者の手法で停めてもらいます。

新鮮な野菜や果物が並ぶマーケットに到着。するとさっそく息子を見て、買い物客やら売り子やらが集まってきます。

「何歳なん？」「男の子？　女の子？」と聞いてきます。それから、息子の太ももやら頬っぺたやら手の甲やら、いろんな部位がキスまみれに。**「赤ちゃん預かっといたるから、ゆっくり買い物してきてええよ」**と言ってくれる人もいます。ありがたい申し出ですが、不注意で落とされたりしたら後悔するので丁寧に断り、買い物を開始。

しかし、移動するたび、売り子が変わるたびにいろいろと話しかけられるので、買い物に時間がかかります。

なんとか買い物を終え、健康のためにと徒歩で家路につくと、同僚やその家族、昔同居していた人、はたまたまったく知らない集団に話しかけられ、なかなか自宅にたどりつけません。走行中の車から「ヘイ！ YUMA！」と大きな声で呼ばれたかと思うと「運転免許はないけど運転できる」と豪語している友人でした。

ようやく自宅に戻り、遅いランチを。食後にコーヒーを飲みつつぼんやり外を眺めているとスコールが降ってきました。窓越しに道路を見ていると、傘もささずにビショ濡れになり、笑い声をあげながら楽しそうに歩いているフィジーの大人たちが見えます。現地ではスコールは「レインシャワー」と呼ばれ、喜ばれています。

部屋の掃除をしたり、息子に絵本を読んだりしていると、もう夕方に。

外から肉が焼ける匂いがしてきたかと思うと、下に住む子どもたちが階段を上がってきて「庭でBBQやってるからおいでや」と招待してくれます。

私たちも食材持参で下りてみると、近隣の人たちも集まっていて、十数人くらいのフィジー人がいました。くだらないジョークで盛り上がっていて「ギャーーハハハッ！」と笑い死にしそうになっている人もいます。

食事が終われば、カバ（フィジー人が大好きな飲み物）の時間です。ココナッツの殻をコップにして、大きな洗面器に入ったカバをみんなで回し飲みします。おじいちゃんがギターで音を奏で、みんなでスタンドバイミーなどを歌いながら、夜は更けていきます。

空を見上げると天の川が見えます。軒下にはヤモリも見えます。

私たちは夜10時くらいに部屋に戻って寝ることにしました。ほかの人たちは深夜1時くらいまで歌ったり、笑い合ったりするのでしょう。そして明日は日曜日なので、キリスト教徒であるフィジー人は家族そろって正装して教会に行く日です。その時間まで、ゆっくり眠ることでしょう。

豊かな日本から来た私が、何もない南の島国フィジーで「幸せな生き方」についてこれほど多くのことを学ぶとは思ってもみませんでした。

力を抜いて生きるだけで、これほど穏やかな日々を過ごせるなんて……。

２００７年６月にフィジーへ移住してからというもの、私は幸せで、満ち足りた日々を過ごしています。

なにも
ないから
なにかが
みえるんやで

フィジーとはどんな国なのか？

それではまず、このような日々が流れるフィジーとは、どんな国なのか簡単にご紹介します。

フィジーは、南太平洋の上（オーストラリアの東、ニュージーランドの北）に浮かぶ島国です。日本からは約７０００キロも離れています。約３３０の島から成り立っていて、国土の総面積は日本の四国くらいの大きさです。

「日出ずる国」という美称を持つ日本よりも時が早い国は、世界に数えるほどしかありません。フィジーはそのうちのひとつで、日本より3時間早く進んでいます。つまり、日本人が正午でランチをとっている時、フィジーではすでに午後3時で昼寝の時間です。

人口は88万人程度で、佐賀県や東京の世田谷区の人口と同じくらいです。国民の平均月給は約３万円。主な産業は観光とサトウキビ。

観光客の約7割はオーストラリアとニュージーランドから来ています。彼らにとって、フィジーのリゾートでバカンスをのんびり過ごすのが最高の贅沢。日本人にとっての「ハワイ」が、オーストラリア人やニュージーランド人にとっての「フィジー」なのです。

世界のセレブたちを魅了するプライベート・ビーチもあるので、ビル・ゲイツやトム・クルーズらも遊びにきています。ブリトニー・スピアーズは新婚旅行で来て「ロマンスの炎が燃え上がる島」というポエムを書き、メル・ギブソンはフィジーに魅了されて約15億円の島を購入しています。

スポーツでは、ラグビーが国技級の人気。町のグラウンドでは、いつもラグビーの練習や試合が行われています。フィジーは7人制ラグビーがとくに強く、4年に1度開催されているワールドカップでは、過去2回も世界一になっています。テレビ中継がある時はだれかの家に集まり、絶叫しながら応援しています。近所迷惑かと思いきや、近所の人たちも絶叫しているので問題はありません。

少しだけ歴史的な背景を紹介すると、フィジーには2つの民族が共存しています。フィジー系（57％）とインド系（38％）です（本書では、フィジー系を「フィジー人」、インド系を「インド人」、フィジーの全国民を「フィジー国民」と表記）。「え？　なぜインド人がフィジーにそんなにいるの？」という疑問が沸くと思いますが、それにはイギリスが関わっています。

1874年、フィジーはイギリスの植民地になりました。イギリスは政策として大量のサトウキビをフィジー人につくらせようとしましたが、のんびり屋のフィジー人をガリガリ働かせることはできず……。

1879年から、同じイギリスの植民地だったインドからインド人をたくさん連れてきました。フィジー人よりよく働くインド人にサトウキビをつくらせることに方向転換したのです。植民地政策のスペシャリストだったイギリスでも、**テキトーなフィジー人を働かせるのは至難の業だった**ようです。その名残から、現在でも多くのインド人がフィジーに住んでいます。

フィジーは日本人にとってはハネムーンのメッカでしたが、現在は日本からの観光客は減りつつあります。2009年3月に日本からフィジーへの直行便がなくなったことが影響していますが、反対にグローバル化の波もあり、英語を学びたい留学生の数が増えてきています。

英語が公用語ですので、国民のほとんどが英語を話します。しかもフレンドリーなので学校外でもスピーキングの機会が豊富。日本からの訪問者のうち、約3割は留学生という状態で人気上昇中です。

フィジーがどんな国なのか、ご理解いただけたでしょうか。

それでは、ここから本題となる「フィジーはなぜ世界でいちばん幸せな国なのか？」。その事実と理由についてお話ししていきます。

世界100カ国を巡り、日本より住んでみたいと思った唯一の国

2011年、そして2014年にフィジーは**「世界幸福度調査」で1位**に輝きました。

2014年12月に実施された、世界65カ国（6万4000人）を対象とした調査（米国の世論調査会社ギャラップ・インターナショナルとWINによる共同調査）によると、フィジー国民の93％が「幸せを実感している」という結果で1位。2位は89％でナイジェリアとコロンビアが並び、最下位はイラクで31％でした。

先進国に限れば、1位はフィンランド（80％）、2位はデンマーク（76％）、3位はアイスランド（73％）です。数々の幸福度調査で上位を独占している北欧諸国を南の島国フィジーが上回りました。

これが意味することとは、いったい何なのでしょうか？

ちなみに日本はというと、幸福度58％、全体で39位（先進国の中では30位）という結果でした。**残念ながら、下から数えたほうが早い順位**です。

このニュースはフィジーでも新聞に取り上げられていました。なんであれ、フィジーが世界一になることなどめったにないので、さぞかし国民は大喜びかと思いきや、まわりのフィジー人の反応は……。

「世界一？　うーん。まあ、うれしいと言えばうれしいけど、特別なことやとは思わん。フィジー人が幸せって今までも言われ慣れてることやしな」「ふつうみ

んな幸せやろ。逆に、ほかの国はなんで不幸なん？」

意外にも冷めていました。ほかにも、こんな分析まじりのコメントもありました。

「フィジー国民の4割はインド人やろ。フィジー人だけを対象にした調査やったら、もっとぶっちぎりで1位やったはずやで」。

フィジー人の幸福の理由、ますます気になってきたのではないでしょうか。

そんなフィジーと私との関わりは2007年に遡ります。

その夏、私はフィジーに移住しました。そして現在、英語の語学学校（Free Bird Institute）のマネージャーをしています。

私のフィジー移住のきっかけは「脱サラ世界一周」でした。

大学卒業後、金融系のシステム・エンジニアとして働きだすも、日々納期に追われる毎日。通勤時間がもったいないからと会社に泊まりこみ、人付き合いが苦手で人間関係に神経をすり減らし、有給休暇を申請するのも罪悪感を覚える。

「この先の未来に本当に幸せはあるのか」と自問する日々……（あなたも、ふとそんなことを考えてしまう夜はないでしょうか？）。

サラリーマン3年目のある日のことでした。

私は「世界でもっとも住みやすい都市ランキング」なるものを見ていました。毎年、英誌「エコノミスト」の調査部門が発表しているものです。

２００４年当時、発表されていたランキングのトップ５は次のとおりです。

１位 ウィーン（オーストリア）
同１位 メルボルン（オーストラリア）
同１位 バンクーバー（カナダ）
４位 パース（オーストラリア）
５位 ジュネーブ（スイス）

日本が嫌いだったわけでもないのですが「もしかしたら日本以外にもっと自分にフィットする国があるかもしれない」という考えがふと頭に浮かんできました。そして、世界でもっとも住みやすい国ランキングの「主観版」をつくりたい、そしてその１位の国に住んでみたいという衝動に駆られていきました。これが世界一周を決意した理由のひとつです。

その後、３年で会社を退職し、世界一周の旅に出ました。

結果的に、合計2年2カ月の旅でした。オセアニア、中南米、北米、中東、アフリカ、ヨーロッパ、アジアを転々としながら訪れたのは約80カ国。食べ物が美味しい国、自然が美しい国、魅力的な国はたくさんありましたが、日本を離れてまで住んでみたいと心から思える国は見つかりませんでした。

そこで私は旅の集大成として、日本の内閣府が主催する国際交流事業「世界青年の船」に参加することにしました。その船上で私は初めてフィジー人と出会うことになります。

この事業は、世界各国の若者たちが約２５０名参加し、ともに数カ国を巡る船旅です。

私が参加した第19回は、日本以外の参加国は13カ国。オーストラリア、カナダ、イギリス、ロシア、チリ、エジプト、メキシコ、オマーン、イエメン、セーシェル、トンガ、ソロモン諸島、そしてフィジーでした。

まず参加者たちはAからNまでの14グループ（1グループあたり20人弱）に分けられ、そのまま自己紹介が始まりました。私がフィジーに注目するきっかけになったのはこの時からです。

自己紹介で何を話すのか、考える間もなく私の順番がまわってきました。明るいキャラクターを印象づけたいと思っていましたが、そもそも人前で話すのが苦手で、かなり緊張していたせいもあり、口から出てきたのは……。

「この前、4年付き合った彼女と別れたんです」。

この一言。なぜ初対面で、たくさんの外国人を前にしてそんな話題を選んだのか、自分でも不思議でなりません。結果、それまで温かかった場の空気が一気に凍りつきそうになりました。その瞬間です。

「ウヒャヒャヒャヒャヒャヒャヒャ!!」。

1人のフィジー人女性がいきなり大爆笑しはじめたのです。すると、その高らかな笑いに釣られてほかの参加者たちからも笑いが起きました。おかげで場の空気が最悪の状態になることはなく、なごやかな時間をキープすることができました。

みなの自己紹介タイムが終わり、休憩時間になった時、私はそのフィジー人女性に話しかけました。

「僕の失恋の話、何がそんなにおもしろかったのですか?」。

そのフィジー人女性は言いました。

「ん？　まったくおもしろくないで。ただ、悲しい時こそ笑っとかんとな。ウヒャヒャヒャヒャヒャヒャヒャ」。

私の身体を稲妻が駆け抜けました。悲しい時こそ笑えばいい、という哲学に感銘を受けたのではなく、その哲学を自然に実行できていることに対して驚いたのです。船には合計10人のフィジー人が乗っており、その日から私はなるべく一緒に彼女らと時間を過ごすことにしました。

噛めば噛むほど味が出るフィジー人。約40日間の船旅をとおして、私はフィジー人が持つ特長に気づきました。

❶「目が合えば笑顔」

目が合うとすぐに最高の笑顔を見せ、話しかけてきてくれます。雑談が苦手な私でも、なぜか話がつながりました。

❷「メトロノームのようにマイペース」

船上生活自体はかなり忙しいものです。日本の事業なので時間管理もきっちりしています。しかし、マイペースを崩さないのがフィジー人。「のんびりいこうや。そんなにセカセカしてたら、大事なもん、見逃してしまうで」という無言のメッセージを感じていました。

❸「パワースポットのような癒し効果」

船上生活の中で、よくフィジー人に話を聞いてもらっていました。大きな自然にハグされているような気分になり、くだらないことで悩んでいる自分に気づき、開き直るパワーをもらえました。フィジー人は、歩くパワースポットのようでした。

今まで出会ってきた人たちの中で、フィジー人ほど幸せそうに生きている人たちはいないのではないだろうか？　そんな人が山ほどいるフィジーという国で、彼女らと一緒に生活をしたら何が起きるのだろう？　私の価値観なんて、丸ごとひっくり返ってしまうのではないだろうか？

好奇心を抑えることができるはずもなく、２００７年６月、私はフィジーに移住しました。

そして、それから4年半後の２０１１年12月末、フィジーは世界幸福度調査で１位に躍り出ることになります。幸福国として「無冠の帝王」だったフィジーが、名実ともに「世界最幸の国」になったのです。

私はこれまでの人生で世界１００カ国を旅してきましたが、日本よりも住みたいと感じた国は、フィジー以外には見つかっていません。

かなしい
ときこそ
わらおうや

後悔しない生き方を始めるのに最適な時期は今である

人はみな、後悔したくないと思って生きています。しかし、不幸なことに多くの人が死ぬ間際に口にするのは左記のような言葉です。

「自分に正直な人生を生きればよかった」
「働きすぎなければよかった」
「思い切って自分の気持ちを伝えればよかった」
「友人と連絡を取り続ければよかった」
「幸せをあきらめなければよかった」

これは、オーストラリアで看護師をしていたブロニー・ウェアさんの『死ぬ瞬間の5つの後悔』（新潮社）という本にある言葉です。彼女は長年、終末期ケアに携わり、患者さんたちの死ぬ間際の言葉を聞きとっていました。そして、多くの患者さんが人生を振り返った時に後悔することが先述した5つのことだったそうです。あなたはどうでしょうか？

みな、後悔しない生き方をしたい。

しかし**「生き方」とは大きいように見えて、実は、日々の小さな習慣の積み重ね**でしかありません。

「心が変われば行動が変わる。行動が変われば習慣が変わる。習慣が変われば人格が変わる。人格が変われば運命が変わる」とは有名な格言ですが、まさにそのとおりで、言い換えれば、たったひとつの習慣の変化で、私たちが幸せに生きられるか、後悔を残すかは決まるということです。

この先の未来に本当に幸せはあるのかと自問し、世界でいちばん幸せな国フィジーに移住した私がこの本で伝えられることは3つです。

1つ目は「なぜ日本人は、豊かなのに幸せを感じられないのか？」。その理由です。日本という国を外から眺め、フィジーという国と比べることで見つけられた答えをお伝えしたいと思います。

2つ目は、世界でいちばん幸せなフィジー人たちから学ぶ「幸せの習慣」です。**フィジー人が持つ非常識な幸福論には、一見バカげているようで確かな本質があります。**その非常識はおもしろおかしく笑えるものでありながらも、もはや古びて、不要になった日本の常識を見事に壊してくれるものでしょう。

そして3つ目は、私たちが「日本でできること」についてです。フィジーは南国です。元々ある環境や文化も違います。その中で、フィジー人が持つ「幸せの習慣」をどのように取り入れればよいのか、真似すればよいのか、そのヒントをお伝えします。

1人でも多くの方が、フィジー人の非常識な幸福論をおもしろがりながらも、幸せの習慣を手にし、後悔しない生き方を始めるきっかけをつくれたならばうれしく思います。

フィジー人の幸福と日本人の幸福には違いがある

それでは「なぜ日本人は、豊かなのに幸せを感じられないのか？」を知るために、まずは「幸福度調査」について説明させてください。

一般的に、幸福度調査には2種類あります。「主観系」と「客観系」です。

「主観系」はシンプルに**「あなたは幸せですか？」と質問するタイプ**です。フィジーはこのタイプの幸福度調査に強いのです。

たとえば、２０１１年にフィジーが幸福度1位になった幸福度調査（レジェ・マーケティング）がそれにあたります。

これは世界58カ国の男女約5万３０００人に対して、対面、電話、インターネットで調べたものです。この幸福度ランキングは、

「幸福を感じている人の比率」－「不幸を感じている人の比率」

という「純粋幸福度」を国別に比べて作成されています。

純粋幸福度の平均値は40。フィジーはその2倍以上の85です。この高い幸福度の秘訣は、これから4つの章にわたってお伝えしていきます。日本はというと、58カ国中23位と真ん中あたり。

1位　フィジー（85）
2位　ナイジェリア（84）
3位　オランダ（77）
4位　スイス（76）
5位　ガーナ（72）

といった具合です。

一方、「主観系」とは違って「客観系」は様々な**指標データを元にして幸福度を測**

るタイプです。日本はこのタイプの幸福度調査にまずまずの強さを発揮しています。たとえば、平均余命や成人の識字率、就学率や1人あたりのGDP。これらのことを国連開発計画（UNDP）では「人間開発指数」と呼んでいます。その国の人たちの生活の質を測る数字です。

2014年に発表された「人間開発報告書」によると、フィジーの人間開発指数は187カ国中88位でした。1位は5年連続でノルウェー、2位はオーストラリア、3位はスイス。日本は17位です。

ここに重要なポイントがあります。

基本的に、客観系の調査に使用されている指標は**「幸せを構成する要素」と信じられているもの**だということです。

ほかには、このような指標があります。「自殺率」「失業率」「医師率」「乳児死亡率」「男女格差指数」「民主主義指数」「報道自由度」「政治的安定度」などなど。

一般的には、これらのスコアが良ければ人は主観的に幸せになれるはずと信じられているわけです。

では、フィジーの場合はどうなのでしょうか？　これは「幸せを構成する要素」

と信じられているもののフィジーの順位です。

○平均寿命119位（194カ国中）。日本は1位（WHO）
○一人あたりのGDP100位（184カ国中）。日本は26位（IMF）
○失業率（低い順）111位（178カ国中）。日本は34位（ILO）
○乳児死亡率（1歳未満の千人あたりの死亡率。低い順）109位（194カ国中）。
日本は1位（WHO）
○民主主義指数91位（167カ国中）。日本は20位（EIU）

どの項目においても、フィジーは世界の中で「中の下」です。にもかかわらず、主観系の調査では1位なのです。

主観系と客観系で、幸福度調査の結果がここまで違ってしまうのはなぜなのでしょうか？　それは、客観的調査で「幸せの構成要素と信じられているもの」は、主観的な調査では意味を成さないということを意味しているのはないでしょうか？

いくら寿命が長くても、字が読めても、学校に行けても、お金を稼げても「あなたは幸せですか？」と質問されたら、「YES」とは素直に答えられない。

そうであるなら、本当の幸せとは何なのでしょう。このギャップの中に「なぜ日本人は、豊かなのに幸せを感じられないのか？」という疑問の答えがあるのです。

なぜ日本人は、自分のことを「幸せだ」と言えないのか？

なぜ日本人は物質的に豊かなのに、自分のことを「幸せだ」と言えないのでしょうか。

フィジーから客観的に日本を眺めて、考えられる原因は3つです。

❶暮らしの中で「仕事」の優先順位が高すぎる

ハードワークはもはや美徳ではないと言葉では言いつつも、サービス残業を評価する上司はまだまだ大勢います。

日本の男性の平均労働時間は26カ国中、最長です。休日も含む1日あたりの平均労働時間は、26カ国の平均が4時間19分、日本が6時間15分（OECD）。

それを助長しているのは、高品質のサービス・商品を求める「お客様（私たち）」です。「テキトー」を許さず「完璧」を求める消費者が、働く人々を苦しめる。そして**「神様」のはずのお客様は、年々「モンスター」へと化けて**います。

また、睡眠時間も短く、韓国に次ぐワースト2位（OECD）。「楽しむこと」自体にすら罪悪感を覚えてしまうため、ストレス解消もままならず。

本当は自分は何をしたいのかをじっくり考える暇もなく「今」という時間を犠牲にしながら、不確かな未来のために生きています。その未来は英語の辞書にも載ってしまった「過労死（KAROSHI）」かもしれません……。

❷人付き合いの中で「世間体」を意識しすぎる

日本人は「他人からどう見られるか」をつねに意識しています。まわりから「変な人」と思われないように、空気を読み、多数派に合わせながら生きています。空気を読むことばかりに気をとられ、大切な「現在」を楽しめずにいる。

本音をひた隠しにして生きていかなければならない社会は息苦しいものです。その行き着く先に、**本当にみなが望む「安心」はあるのでしょうか。**

同調圧力が強いため、参加したくない飲み会にも参加したり、Facebookで自らの意思に反して「いいね！」を押したりすることも多々あります。『嫌われる勇気』（ダイヤモンド社）という本が大ベストセラーになるのも、「世間体」や「常識」といった目に見えないオバケに、私たちが怯えながら生きている証拠かもしれません。

❸「人間関係」が希薄すぎる

仕事が忙しく、プライベートの時間が少ないため、職場以外のところで豊かな人間関係を築くことが難しい。最愛の家族ですら、一緒に過ごす時間が限られています。幸せも喜びも「共有」する時間がありません。核家族化によって人間関係が希薄化したと言われますが、核家族にすらなれないことも……。

人間関係がうまくいかずに引きこもる人や、その煩わしさから友達をつくらず、自ら孤独を選択する人も増えています。「非リア充」や「ぼっち」なる切ない言葉が誕生。

そんなニーズに応えるように「つながり」のない、便利そうなおひとりさま社会が形成されています。しかし、2040年頃には**年間20万人が孤独死することになる**とまで言われています。


以上の3つの原因からわかることは、日本人は物質的に豊かになったとしても、結局、まったく別の理由で幸せを感じられなくなっているということです。

時代は変わろうとしているのに「お客様は神様」だったり「空気を読まなければいけない」だったり「おひとりさまが幸せ」だったり。様々な古びた常識が、私たちが幸せに向かうことを妨げています。

日本人は、日々身を粉にして働き詰め、集団主義の中で狭い常識の制約を受けながら、自分を偽りつつなんとか生きている。それでも、何か問題を起こせば「自己責任」という冷たいフレーズによって簡単に切り捨てられる。

いくら豊かだとしても、単純に「生きづらい」そんな環境では、安心を感じることができず、幸せだと言えないのも当然かもしれません。

ふるい
じょうしきを
すてたら
ラクになるで

フィジー人が持つ、4つの幸せの習慣

そんな日本とは反対に、フィジーは「客観的幸福度」に比べて「主観的幸福度」がかなり高い。これは、**環境うんぬんの難しい話は関係なく「自分は幸せだ」と言える国民である**ということです。

生まれ育った日本と比べながら、私はフィジー人の生き方の中から、4つの「幸せの習慣」を見つけました。

❶モノもお金も何でも「共有」する習慣

フィジー人と暮らしてまず驚くことは、「僕の物はみんなの物、あなたの物もみんなの物」という驚異のシェア度です。

フィジー人には「私有」という感覚があまりありません。何でも「共有」します。

たとえば、フィジー人と共同生活をしていると私のＴシャツが無断で着られます。

車をだれかが買えば近所の人たちで共有します。モノ以外も、お金、子どもですら子だくさんの夫婦が子どもができない夫婦と共有します。

さらには、分け与えることに喜びを強く感じる人たちなので、借金してまで物乞いに寄付したり、オレオレ詐欺にわざと引っかかったりします。

❷自分にも他人にも「テキトー」な習慣

次に特徴として挙げられるのは「細かいことは気にしない」という限りない大雑把さです。

フィジー人はテキトーなのでストレスフリー。自分にゆるく、他人にもゆるく生きています。完璧主義なところがある日本人にとっては、それがテキトーだと感じることが多々あります。

レストランでオーダーしたメニューがそのとおりに出てこなかったり、お会計の金額が間違っていることは序の口。海外では命の次に大切と言われるパスポートですら、名前や誕生日が間違って発行されます。コカイン所持容疑のコロンビア人男性への取り調べをスペイン語を数単語知っているだけの私に一任したりもします。

しかし、テキトーを許すからこそ得られる幸せがたくさんあります。

❸どんな時も「現在フォーカス」する習慣

フィジー人は過去を反省しません。未来の心配もしません。ただ、今この瞬間へ注力する姿勢が並外れています。

彼らはいつも「今ここ」を生きています。仕事で大きなミスをしても反省せず、ネタにして仲間とともに爆笑しています。ですから、同じミスを繰り返し続けます。しかし、将来に対して不安にもなりません。「なんとかなる」「だれかが助けてくれる」と確信しているからです。貯金もしませんし、健康も気にしません。口癖は「Don't Worry! Be Happy!」です。結果、貧しく健康ではない（肥満）ですが、みなとても幸せそうです。

❹光の速さで「つながり」をつくる習慣

フィジー人と一言話すだけで「人類みな兄弟」を地でいくコミュニケーション力の果てしなさに、みな度肝を抜かれることでしょう。

フィジーでは、知らない人から呼び止められ、5分くらい雑談すると「今からウチでランチはどう?」と招待されます。裁判所の傍聴席で、隣の見ず知らずの男性が「俺、今、離婚調停中やねん」と相談してきます。温暖化の影響で水没の危機にあるキリバスに対し、大統領は「全員フィジーに移住していい。我々は困っている隣人に背を向けることはない」と宣言します。ご近所さんレベルの小さなコミュニティから地球規模のコミュニティまで、自分の家族のような感覚でいます。

この4つの「幸せの習慣」は、アンケートで数値化することが難しいものばかりです。

ただ、8年半の間フィジーで暮らし、フィジー人と絡み合ってきた私の経験から、フィジー人の「主観的幸福度」が世界一である理由は、この4つの習慣が極めて当たり前に行われているからなのだと言えます。

そして、**そこに日本人が抱える「幸せのギャップ」を埋めるヒント**があるのです。

日本の若者に芽生えはじめた幸せの習慣

フィジー人が持つ4つの「幸せの習慣」についてお話しました。

ここまでくると、またよく聞くニュースのように、それに比べていかに日本が不幸せなのかと日本を否定する話が始まるのだろう……と予想される方もいるかと思いますが、そうではありません。

実は日本にも、**あなたよりも一足先に、この4つの「幸せの習慣」を手にしはじめている人々がいる**のです。

それは、日本の「若者たち」です。

「共有」「テキトー」「現在フォーカス」「つながり」。フィジー人が持つ習慣と、日本の10代～20代の若者たちに芽生えはじめた新しい文化の間には、驚くほど共通点があったのです。

簡単にその共通点を見ていきましょう。

❶「共有」について

近年、「シェアリング・エコノミー」なる言葉が生まれたことをご存知でしょうか。日本語に訳すと「共有型経済」となります。

具体的にいうと、カーシェアリングだったり、シェアハウスだったり、さらには服、畑、旅行まで様々なモノやサービスを共有する若者が増えてきています。

これは単に、**少ない給料の節約に重点を置いているわけではありません。**シェアを通じて新しいコミュニケーションや体験を求めること、ポジティブに「幸せを共有する」ケースが多いようです。

❷「テキトー」について

仕事の優先順位が高すぎたり、世間体を意識しすぎたり、何かと「しすぎる」傾向のある日本人。しかし、若者を中心にバランス感覚がよくなってきています。

たとえば、上司から無茶な飲み会に誘われてもきっぱり断る若者が増えています。肩書きや出世を求めず長時間労働とは絶縁し、最近では「週休4日のゆるい就職」

なる働き方が提唱されたりしているのも興味深いです。

これも単に**「これだからゆとり世代は……」という一言で批判されて終わる話ではない**のです。

マジメな日本人には「テキトー」という言葉が非常に魅力的に感じられます。テキトーといえば「平成の無責任男」高田純次が思い浮かびますね。彼がこれだけもてはやされるのも、彼みたいに生きてみたいという、私たちの見えない心の叫びかもしれません。

真面目にやっても報われない時代、若者は「テキトー」が「適当」だと気づきはじめています。

❸「現在フォーカス」について

東日本大震災のあとから「いつ死ぬかわからない」という大切であり当たり前のことをようやくリアルに感じられるようになりました。いつ死んでもいいように今を生きるという発想が広がり、変化に柔軟な若者たちはそれを実践するようになってきています。

そこから「ミニマリズム（最小限主義）」なる言葉が生まれました。「モノを買って増やす」ことよりも「モノを捨てて減らす」ことによって、精神的にゆとりを感じるシンプルな生活を目指すという生き方です。

その流れの中で、若者は**「人生という時間の使い方」すら変えはじめて**います。彼らは、多数に合わせた生き方ではなく、本当に自分が大切にしたいものに優先的に時間を割り当てます。

お金で幸せは買えないことを私たち大人の背中から学んだ若者たちは、ボランティア活動だったり、社会起業家を目指したり、社会貢献度の高いものに強い関心を抱くようになってきています。そんな利他的な活動が、結果的に自身の幸福度を高めているのでしょう。

❹「つながり」について

生まれた時からインターネットのある世代の若者たちは、SNSを駆使して、企業と個人や上司と部下といった縦の関係ではなく、横のつながりをどんどん拡大しています。インターネットによって、趣味や価値観の近い人を簡単に探しだし、親交を深めることが可能になりました。

　くわえて、希薄だと言われていた家族とのつながりも強くなってきています。物理的な距離が離れていても、LINEなどで「無料ですぐに」コミュニケーションがとれるようになったためです。母親と買い物や映画に行く「ママっ子男子」が話題になっているのも、単に男が女々しくなっているわけではなく、家族を大切にする若者が増えてきているという証拠です。

「コミュニケーション力が低い」と言われがちな若者ですが、**大人たちが発している「孤独感」を反面教師にして、**つながりを巧みにつくり「安心感」を手にしています。

フィジーの非常識な幸福論が、日本の常識になる時代がくる

世界でいちばん幸せなフィジーの人々が持つ「幸せの習慣」と、日本の若者に芽生えはじめた文化が似ている。これはある可能性を示しています。

それは、**フィジーの常識は今は日本にとっては非常識だけれど、これから常識になる時代がくる**ということです。

これまで、若者は「ゆとり世代」や「さとり世代」と分類され、上の世代から、「欲がない」「元気がない」「根性がない」「保守的だ」「安定思考だ」などと揶揄され、批判され続けてきました。

しかし、それは変わりはじめた「幸せの価値観」についていけなくなっている大人たちの盲目的な発言なのかもしれません。若者たちは、自分たちの生き方が否定される中で、すでに幸せになるためのヒントを掴んでいます。

「最近の若いもんは……」というフレーズはいつの時代も使われる枕詞ですが、この

言葉の源にあるのは、大人たちが自分たちの生き方を否定されたくないという「自己肯定」の意識です。

この本を手にとってくださった方の多くは、若者とは違う、私と同じ30代か40代、またはそれ以上の世代の方々でしょう。その気持ちはよくわかりますが、その感情は一旦脇に置き、私たちは「幸せの習慣」を途上国の人々から、そして日本の若者から学ぶ必要があるのかもしれません。

若者は時代の変化に敏感です。ですから、その変化に適応するのも速い。今のように、劇的に急速に時代が移り変わろうという時、若者を道しるべに活用するのは賢い選択だと思います。

最後尾を走っていた人が、ゴール地点が変わることで、いきなり先頭に立つことがあります。フィジーは、経済的には途上国であれど、主観的な幸せにおいては「幸福先進国」です。

フィジー人が先頭を走り、そしてその後ろに日本の若者が続いている。最後にいるのが私たち!? フィジー人の常識は、今はまだ日本の非常識ですが、近いうちに常識になっていくのかもしれません。

さいきんの
わかいもんは
は、もういわないい

フィジーとブータンの違い

この章の最後に、ひとつ、あなたの頭の片隅に引っかかっているであろうお話をさせていただきます。それは、ブータンという国についてです。

「世界でいちばん幸せな国といえばブータンじゃないの?」。この本を手にとってくださる時、あなたもそう考えたのではないでしょうか。では、ブータンとフィジーは、具体的にどんなところが違うのでしょうか。

結論からいうと、**ブータンは「幸せを目指している国」であり、フィジーは「幸せになっている国」**です。

ブータンでは、2005年に国勢調査が行われ「97%の国民が幸せ」という結果が出ました。そこから「世界でいちばん幸せな国だ」と報道されるようになったのですが、この調査には問題があります。

「あなたは今幸せですか?」という質問項目に対して、回答の選択肢が「①とても幸せ」「②幸せ」「③あまり幸せではない」の３段階しかなかったのです。これがどういうことかというと、97％の国民が①か②を選んだということです。

アンケートではふつう、選択肢が３つの場合「真ん中」に回答が集中します。ここが問題で、この回答の結果はあまり正確なものではないという声もあがっています。それに比べて、２０１４年12月の幸福度調査でフィジー国民の幸福度93％というのは、５段階評価の上位２つの合計です。

第２回目となった２０１０年のブータンの国勢調査は、選択肢が11段階になりました。０が「とても不幸」、10が「とても幸福」という尺度です。結果は、ブータン人の平均値は「６・１」と幸福度は中程度でした。

日本の内閣府による同じく11段階の調査（２０１２年）によると、日本人の平均値は「６・６」だったので、ブータン人よりも日本人のほうが幸せという結果に……。

もちろん、ブータンは国家戦略として、ＧＮＨ（国民総幸福）を目標としている、素晴らしくユニークな国です。しかし、**フィジーは特に戦略はないけれども、結果として、国民が世界でいちばん幸福な国**なのです。

フィジー人の素晴らしいことは、４つの「幸せの習慣」をだれから教えられるでもなく、日々実践しているということです。

それでは、これから世界最幸の民族フィジー人たちの習慣を具体的に観察し、幸福のヒントを掴むために、はるか南の島々へトリップしましょう。

【幸福の習慣①】

共有

幸せは「所有」して掴むのではなく
「共有」して掴む

「生きていく上で最大の不幸は、
自分がまわりに必要とされていないと感じる孤独感であり、
最大の幸せは、
人に必要とされること」

アドラー（心理学者）

1 フィジー人は「やさしいジャイアン」

フィジーには**「ケレケレ」という言葉**があります。

意味は「お願い」「頂戴」「貸して」を融合させたというところです。この言葉がフィジー人の幸せの源といってもいいでしょう。

フィジーで生活していると、この言葉を頻繁に耳にします。彼らはこの言葉を巧みに使って、相互に物を分け与えたり、助け合ったりしながら、共有しています。

ドラえもんに出てくるジャイアンは「俺の物は俺の物、お前の物も俺の物」という哲学を持っていますね。

であるならば、フィジー人の哲学は**「俺の物はみんなの物、お前の物もみんなの物」**。やさしいジャイアンです。何でもみなで共有するのがフィジー人の常識です。

私がケレケレの洗礼を受けたのは、フィジーに来てすぐのことです。

移住して最初の数カ月間、私はフィジー人の家にホームステイさせてもらっていました。そしてある日の夕方、干していたTシャツを取りこもうと物干し場に行くと、私のTシャツがありません。

行方を探して夕食の匂いのするキッチンに入った瞬間、ホストマザーの息子が私のTシャツを勝手に着て歩いている姿が目に飛びこんできました。「それ、僕のTシャツだよね」。

即座に突っ込むと、息子は満面の笑顔で返してきました。

「そうやねん。ピッタリやろ（ニコッ）」。

ホームステイの身。私は心を整え、冷静に尋ねます。

「いやいや……。ピッタリかどうかじゃなくて、なんで僕のTシャツを勝手に着てるの?」**「なんでって……。もしかしてアカンかったん?」**。

これが私の初めてのケレケレ体験でした。

会って数日の人の服を勝手に着る。私はこの文化に馴染めるのだろうか？　そもそも馴染んでいいのか？　と不安になりました。

またある時はバーでビールを飲んでいると、横から急に手が伸びてきて、近くに座っていたフィジー人男性がさりげなく私のビールをとり、自分のグラスに注ぎだしました。私は困惑しながらも最初は「まあまあ、いいだろう」と見逃していましたが、3回目にもなるとさすがに怒ってしまいました。

「さっきから黙って人のビールを勝手に飲まないでください！　いったい何なんですか？」。

すると、彼はきょとんとした顔をします。状況を見ていたウェイターが私に「ケレケレやで」となだめてきます。

「ためしにほかの人のビールをもらってみたらええよ」。

言われたとおりに、ほかのお客さんのテーブルの上にあった瓶ビールをとり、自分のグラスに注いでみたところ……。

「おー！　どこから来たん？　中国？　日本？　もっと飲んでええよ！」。

だれも怒ってきません。それどころか、むしろ歓迎されます。どうやら、他人のビールを勝手に飲むことも「ケレケレ」ということで間違いないようでした。

……さてさて、私たちにとって「やさしいジャイアン」になることは良いことなのでしょうか、悪いことなのでしょうか。

では、様々な事例からそれを確かめていくことにしましょう。

おれのものは
みんなのもの
おまえのものも
みんなのもの

2

日本での「盗み」がフィジーでは「共有」になる

フィジーでは「盗み」と「共有」の境目があいまいです。

私は別のホームステイ先でこの感覚をリアルに体験しました。ある夜、ホストファザーから話しかけられたのです。

「昨日、隣の家のおばあちゃんが亡くなってん」「え。そうなんですか。病気ですか?」**「そうやねん。52歳やから、まだ若かってんけどな」**。

何気なくそんな会話をしてシャワーへ。シャワーを浴びた後、リビングのテーブルに財布を置きっぱなしにしていたことを思い出しました。財布を取りにいき、中を確認してみると10ドル札が1枚減っています。不思議に思い、ホストファザーがそこにいたのですぐに確認してみました。

「ああ、あれな。隣の家が何かと物入りみたいやからYumaのサイフからも10

ドル渡しといたで。僕とママも10ドルずつ渡しといた（ニコッ）」。「はぁ!? なんで僕の許可なくそんなことするんですかっ！」**「ん？ 隣の人が困ってるんやから、聞く必要もないと思って……」**。

またもや笑顔の回答です。人の財布から無断でお金を抜く。日本では「窃盗」です。しかし、フィジーでは「ケレケレ」です。

もちろん、ケレケレはお互いの信頼関係の上に成り立つものです。それがなければ「盗み」になることもあります。ケレケレ文化は都会よりも村のほうが強く、たまにフィジーでも、村から都会に出てきた若者がケレケレのつもりでしたことで逮捕されてしまうケースがあるそうです。

Tシャツ事件も今回の財布事件も、共通しているのは**犯人にまったく悪気がない**ということ。犯人側の認識では「私との間に十分な信頼関係が成立していた」ということを意味しています。

それにしても、どちらも会って数日のことなのですが……。それがのちほどお伝えする「光速で友達になるフィジー人」の良さでもあるのでしょう。

3 持つ者が持たざる者に与えるのが常識

ケレケレは与えるだけではありません。日本人の私でも、与えられる側になることもあります。

お昼時、雲ひとつない青空の下、公園内を1人で散歩しているとランチ中の若いフィジー人女性2人と目が合いました。フィジーでは、目が合うだけで見ず知らずの人からもやたらと話しかけられます。

「こっちおいで。一緒に食べようや」「え？　いいの？」**「もちろんやで。どんどん食べてや」**「ありがとう」**「フィジーには観光で来たん？」**。

こんな感じで、2時間ほどおしゃべりをします。見ず知らずの人と会話を楽しめるだけではなく、無料でランチまでもらえる。これもケレケレです。

ケレケレは英語で「giving without expectation（期待なく与えること）」と訳されます。

つまり、ケレケレには与える側に「見返りを期待する」という感覚がないのです。

日本人でも、家族や親友など近しい人たちには見返りを期待せず与えることはありますよね。しかしフィジー人の場合、近かろうが遠かろうが、だれかれなく自然にできてしまいます。ですから、与えられる側も恐縮する必要はまったくありません。だからこそ、私のTシャツも**無断で、悪気なく、**拝借されてしまうのでしょう。

もうひとつ、ケレケレには重要な感覚があります。それは**持つ者が持たざる者に与えるのが常識**という感覚です。

ある日、スーパーのレジに並んでいた時のことです。私の前の前で、タンクトップ姿の若いイケメン男性が会計中でした。会計にすごく時間がかかっていたので覗いてみると、どうやらお金が足りないようです。

彼の買い物カゴにはスナック菓子がたくさん入っていたので、それを返品するのかなと思っていると意外な展開に……。

彼は、突然うしろ（私の前）に振り向いたのです。そして、並んでいたおばちゃんを見て**「ニカーッ」**。白い歯を見せて笑ったのです。すると、おばちゃんは彼の笑顔を受けて即座にこう言いました。

「いくら足りひんの？」。

え？　払ってあげるの!?　私が1人で慌てている中、彼は悪びれることなく答えました。

「2ドル（F$）だけ……」。

そう言い放つ彼に、私は少しイラっとしました。しかし、おばちゃんは不快感をみじんも表情に出すことなく、彼の代わりに2F$（120円）を払ってあげていました。ピンチを救われた彼は、おばちゃんに軽く感謝してスーパーをあとにしていきました。

会計がおばちゃんの番になった時、私は好奇心から聞いてみました。

「さっきの彼、知り合いじゃないですよね？　なんで代わりに支払ってあげたんですか？」**「うん、知り合いちゃうで。初めて会ったと思うわ。でも困ってる人がおったらサポートしてあげんとね。私らはみんな、家族みたいなもんやから」。**

「家族みたいなもんやから」。言うだけならだれでも言えます。しかし実践するのは難易度がケタ違いです。そもそも「家族」の定義が広義すぎです。それを当たり前のように実践できているフィジーのシェア文化はあっぱれです。

日本のコンビニのレジで、お金が足りない素振りをし、振り返ってうしろに並んでいる人を笑顔で見つめてみたら、いったいどんな反応をされるのでしょう？

ケレケレの器量の大きさ、掴めてきたでしょうか。

泥棒が盗んだ相手と利益を山分け

フィジーの「共有」の習慣は、**泥棒にまで根付いて**います。

用事で警察署に行った時、１人の警官からフィジー人らしい事件の話を聞きました。

ある夜、若いフィジー人の泥棒３人が民家にコソッと侵入しました。泥棒たちはその家は留守だと思っていたのですが、運悪くその日はおばあちゃんが１人で留守番をしていたのです。泥棒たちはおばあちゃんを見つけてびっくり。しかし、引き返すわけにはいきません。

「金を出せ」。

おばあちゃんに要求。おばあちゃんは指示に従い、家にあった現金をすべて差し出しました。泥棒たちは受け取った現金を数えはじめ、合計が500F＄（3万円）であることを確認しました。そしてその後、彼らは驚愕の行動に出ます。

「これ、おばあちゃんの分」。

そう言いながら、おばあちゃんに100F＄（6000円）を手渡したのです。前代未聞の**泥棒からのキャッシュバック**です。泥棒らはおばあちゃんに一部返金したあと、残金400F＄（2万4000円）を持って逃げ去りました。

後日、彼らははかなくも警察に捕まってしまいます。原因は、一刻も早く逃げる必要があるのに、**犯行現場でお金を数えたり、返金したりしていたから**です。泥棒としてのスキルが低すぎますね。

もちろん、泥棒（犯罪）は悪いことです。しかし、この話を聞いて、どこかハートフルに感じるのは私だけでしょうか？

犯行に及ばざるを得ない状況まで追い込まれていた泥棒までもがケレケレ精神を忘れず、被害者と収益（強奪金）を分かち合う。日本ならコントでしかあり得ない話です。ちょっと感動して私は鳥肌が立ちました。

この話をしてくれたのは、フランケンシュタインをやさしくした感じのフィジー人警官でした。しかし、私が感動していると彼はこんなことを言ってきました。

「ところで、警察署のプリンターやねんけど、インクが切れてもうて困ってんねん。自分、買ってくれへん?」。

このケレケレ発言に、私の感動は一気に冷めました……。

日本ではあり得ないことですが、フィジーでは警察が市民におねだり（ケレケレ）してきます。ほかの発展途上国でよくある「賄賂」のような感じではなく、ごく自然な感じでお願いしてくるのです。プリンターのインク以外にも、警察からのケレケレはいろいろ体験してきました。

「パトカーのガソリンがないから、一緒にガソスタ行ってガソリン代払ってくれへん?」「マクドでポテト買ってきてくれへん?」「(僕が運転中、バス停にいた警官に制止されて) タウン方向に行くんやったら、俺の妹 (警官ではない) を乗っけてってくれへん?」。

泥棒であろうが、警官であろうが、関係ありません。どちらにもケレケレ精神（共有の心）は遺伝子レベルで根付いています。

5 貯金がなくても安心な未来

お金の貸し借りは、いつも醜い争いを引き起こして幸せを遠ざけますよね。しかし、フィジーではお金のやりとりすら、もはやコミュニケーションの一部となっています。

語学学校で見かけた出来事です。小柄な男性教師が女性教頭のところに来て、ヒソヒソ話をしていました。あとから何の話だったのかを女性教頭に尋ねてみると、「お金を貸してほしい」という依頼だったそうです。フィジーでは、上司と部下のお金の貸し借りは一般的なのか彼女に聞いてみました。

「よく言われるで。持つ者が持たざる者に与えるのが当たり前って感覚やからね。

そのせいで、教頭が教師よりも金欠やったりもするけど（笑）」。

貸したお金は返ってきたり、こなかったり、だそうです。

『21世紀の資本』（みすず書房）の著者トマ・ピケティ氏も言うように、世界では、持つ者がどんどん富み、持たざる者がどんどん貧しくなっています。搾取するのはお金持ち側で、貧乏人は搾取され続けるのが「格差社会」です。

ところがフィジー社会の場合は逆です。**搾取するのが貧乏人**なのです。

フィジーは日本のように「毎月25日が給料日」というわけではなく、隔週で給料が振り込まれる会社が多いのです。ですから毎週、家族や友人のだれかが給料日になります。給料日の人が搾取対象になり、翌日には財布がすっからかんになります。お金を持たない友達にケレケレされまくるからです。

しかしそこには、お金のやりとりのややこしさを上回る、幸せなコミュニケーションが存在します。日本のサラリーマンに「飲みニケーション」という言葉がありますが、それを国民全体でやっているのがフィジー人です。

その結果、もしもの時に、たとえば家族に不幸があった時やお金に困った時に助けてくれる友達家族（家族のような友達）が増えるというわけです。

持つ者は持たざる者から搾取被害に遭います。しかし、それを不快に感じているわけではありません。むしろ搾取される側は、人の役に立てたことを誇りに思い、その機会に感謝すらします。これが貧乏人が搾取される、私たち先進国の世界とは違うところです。「逆転の搾取の関係」です。

多くの国では「富の再分配」は政府が担っていますが、フィジー社会の場合、自分たちのコミュニティの中で自然に「富の再分配」が行われています。国にセーフティーネットを求めるのではなく、国民同士が協力し合い、ご近所同士がケレケレし合い、**みんなで幸せを分け合って生きています。**

日本で生活をしていると、手元にお金が一切なければかなり不安ですよね。しかし、フィジーではたとえ一文無しだったとしても何とかなりそうと思えます。日本人は貯金することで、将来への不安を減らそうとしますが、フィジーは貯金がなくても安心を感じられる国なのです。

あなたには、もしもの時に頼ることができる友達家族はいますか？

ひとりじめしたら
ふあんやけど
わけあえば
あんしんやな

6

オレオレ詐欺にわざとだまされる

私の家の近くには60歳のおばあちゃんが住んでいます。身長は160センチくらいで、体重が90キロくらいのぽっちゃり体型。そのおばあちゃんが体調を崩したので、病院に一緒についていったことがあります。

一緒にバスに乗ろうとすると、おばあちゃんがいきなり言いました。

「お金ないねん」。

バス代は片道70セント（F¢）、約42円です。

「え？　全然ないんですか？」**「うん。1F¢もないねん」。**

フィジー人は貯蓄意識が極めて低い。ですから、こういうことはよくあります。友達のフィジー人男性もよくこんなことを言います。

「今日はバス代がないから会社休むねん」「さっきタバコ1本買ったから帰りのバス代がないわ。歩いて帰らなあかんようになったから会社早退するわ」。

そんなことをしているからお金がないんでしょうけれど……。

バス代の往復分1・4F＄（84円）をおばあちゃんに渡すと「今度返すわ」と言って受け取り、バスに乗り込みました。フィジーでは公立病院での診療は無料。だから、バス代さえあれば何とかなります。

それからバスを降りて病院に歩いて向かっている途中、路上に物乞いの女性（60歳くらいのインド人）がいました。私は無視して目の前を通り過ぎようとします。

しかし、おばあちゃんが物乞いの前に立ち止まりました。そしてなんと、小銭を物乞いに手渡したのです。しかも、とてもうれしそうに。私は思わず尋ねました。

「ええっ‼　おばあちゃん、お金持ってたんですか⁉」「ん？　あんたから借りた帰りのバス代を寄付しただけやで」「はぁ⁉　あれは帰りのバス代ですよ！」「帰りは歩いて帰ればええやん」「歩いて⁉　2時間かかりますよ！　炎天下の中、しかもおばあちゃん体調悪いのに！」「ええねん。私より物乞いのほうが大変やねんから。あんたが私を助けてくれてるみたいに、私も人助けせんとね」「……」。

内心、少し腹を立てた自分の器の小ささを恥じました……。私からお金を借金しておいて、それを物乞いに寄付するフィジー人。自分より他人を優先する利他の意識は瀬戸内寂聴さんレベルです。

病院に着くと、長蛇の列で3時間も待たされました。やっと診察が終わって病院を出る時、おばあちゃんはかなりぐったりしていました。私は帰りのバス代を改めて手渡しましたが、おばあちゃんは強がって受け取りませんでした。

「お金なんかいらん。歩いて帰れるわ」「僕がバスで帰りたいんです。お願いだから」。

無理やり、バスに乗せて帰りました。

フィジー人は人を助けることを何よりも優先します。それがわかる印象的なエピソードがあります。彼らは「オレオレ詐欺」にわざとだまされるのです。

ある日、オフィスでデスクワークをしていると、片足を引きずって歩く物乞いの男性が入ってきました。右手には新聞を持ち、私の席に近づいてきて、その新聞を私の前に差し出します。彼が指差す記事には「ある男性が車両事故に遭って、足に怪我を負った」と書かれてありました。

私はフィジー人のケレケレ精神に倣い、5F$（300円）を彼に手渡しました。それまで無表情だった彼は、急に満面の笑みを見せ**「サンキュー!」**と言ってオフィスから出ていきました。

私がケレケレを実践できたことに満足気でいたところに、同僚のフィジー人がやってきました。そして、彼は衝撃の真実を私に告げます。

「あの記事に出てたん、あの物乞いじゃないで」。

すぐには事情が理解できませんでした。聞いてみると、あの物乞いは有名な「ニセ物乞い」であると。関係のない記事を自分のことのように見せかけ、フィジーのケレケレ文化を悪用している詐欺師なのだそうです。私はフィジー版のオレオレ詐欺に引っかかったのです……。

詐欺に遭ってから、約1カ月後。偶然、町であの詐欺師を見つけました。ふくよかな男性と話をしています。あの時と同じように右手に新聞を持ちながら。

私が近づいていくと、詐欺師は足早に立ち去っていきました。その場に残っていた男性に尋ねてみます。

「もしかして、今の物乞いに寄付をしたんですか?」「うん。寄付したで。2F$(120円)」。

ショックを受けるかもしれませんが、これは真実を教えてあげたほうがいいと思い、ことの詳細を伝えると意外な反応が返ってきました。

「ニセ物乞い？　そうやで。知ってたよ」「えっ？　知ってた？　じゃあ、なんで寄付したんですか？」**「だって彼、人にウソつかなあかんほど困ってるんやで。そやから助けてあげんとな。彼がウソつかんでもいい生活を取り戻せるように祈っとくわ」。**

またまた、自分の器の小ささを恥じることに……。ウソとわかっていながら、わざとだまされて人助けをするフィジー人。そんなケレケレ精神を持つフィジー人で構成されるフィジー社会。

そこには、やさしさが満ちあふれています。

7

子どもでさえ他人にあげちゃう親

フィジー人は問題に直面した時、国からの援助に頼るのではなく、自分たちのコミュニティ内で解決してしまいます。その代表的な例が里親制度です。

貧しくて子育てが難しい家庭の子どもが、貧困レベルが若干マシな家庭に里子として預けられているのをよく聞きます。里子を預かる期間は、預ける側の貧しさが「若干マシなレベル」になるまでです。

近所のマッサージ屋で働いている陽気すぎるおばちゃんも里親をしています。マッサージをしてもらいながら話を聞きました。

「おばちゃんのところは、今、何人で暮らしているんですか?」**「旦那と息子1人、娘4人、里子1人やから、私入れて8人やな」**「あっ！　おばちゃんのところも里親なんですね！　なんで里親になったんですか?」**「8年前、息子が近所のパン屋で働いててん。その時、パン屋の外の道端でインド人の男の子が泣いてたんやっ**

て。まあ、どこの家庭にでもある夫婦問題でな。ウチの息子がかわいそうに思ったから、ウチにその子を連れてきてん」「へー。それから？」「その男の子のお母さんとこに行ったんよ。『助けが必要やったらいつでも言うてなー』って。ほんなら『里子として預かってくれたら助かります』って言われたんよ」。

驚きの展開ですが、どうやらこれがフィジーの常識のようです。

「いきなりですね。それでどうしたんですか？」「その日から家族の一員になったで」「即決なんですね……。今もまだ預かっているんですか？」「今年、戻した。夫婦仲もよくなって、収入も安定してきたみたいやし。それに里子ももう21歳やし、自分で働いて実の家族を支えてあげてほしかったからね」「里子はインド人だったんですよね？　特に問題はなかったんですか？」「困ってる人を助けるのに、人種とか関係ないやん。それに家族の中が多民族化してるほうが楽しいやん。子どもの教育にもエエしな」。

おばちゃんから名言が飛び出しました。しかし、これは裕福な家庭だからこそ言えるのではないか？　もう少し探ってみることにしました。

「へぇー。おばちゃんのところ、お金持ちなんですか？」「ちゃうちゃう。貧乏やがな。ただ、その子の家庭が経済的に苦しかったからな。今はウチの三女が連れてきたフィジー人の同級生の女の子を預かってるで」。

というわけです。フィジー人は経済的に余裕があるから里親をしているわけではありません。ただ困っている人を放置できないだけ。なんとかしてあげたいという善意から里親になります。

別の女性からはこういう話を聞きました。公園のベンチで休憩していたら話しかけてきてくれた、関取くらい大きな女性の話です。

彼女は子どもが欲しかったのにずっとできなかったそうです。そんな時、近所に住む女性が5人目の子どもをお腹に授かりました。彼女はその妊婦さんに対して、こう言いました。

「自分のとこ、5人目やろ。ウチとこ1人もおらへんから、その子が産まれたらちょうだい」。その妊婦さんは「しゃーないなー。ええよ。ちゃんと育ててや」と答えたそうです。

即決、だったそうです。自分のお腹を痛めて産んだ血のつながった子までも分け与えることができるフィジー人のケレケレ文化に驚きました。それが良いのか悪いのかはさておき。

日本では里親不足が深刻です。社会的に保護が必要な子どもの約1割だけしか里親のもとで暮らすことができていません。残りの約9割は児童養護施設や乳児院などのいわゆる「施設」で暮らさざるを得ない状況です。

日本は世界第3位の経済大国です。であるのに、ほとんどの家庭では実子を育てることに精一杯。フィジーは世界150位くらいの貧しい国ですが、自分の子を3人も4人も育て、なおかつ他人の子まで面倒をみています。

フィジー人には「困難な状況になっても、だれかが助けてくれる」という確信があります。だから「なんとかなる」とつねに楽観的でいることができます。逆に日本人は「自分でなんとかするしかない」という意識が強く、切迫感や孤独感が漂っています。

「自立」することは大切です。しかし、それは「孤立」とは違います。生真面目すぎる日本人は、もっと人に甘えることを覚えたほうがいいのです。「自己責任」という言葉を使う機会を少しでも減らせば、人生はとても楽になるでしょう。

結論

なぜ「共有」することは幸せなのか？

モノやお金、時には子どもまで。なぜフィジー人にはこれほどまでに「共有」する習慣があるのでしょうか？　逆に「なぜ日本人は共有しないのか？」というところから考えていきましょう。

日本人も、高度経済成長期以前はフィジー人のように「共有」する習慣が普通でした。よく聞くように、米や醤油などを貸し借りし、近所の人に子どもを預け、高齢者の介護を助け合ったりして生きていました。では、なぜその習慣は消えていってしまったのでしょうか？

一言でいえば「物質主義に陥ったから」ではないでしょうか。

１９５０年代後半、三種の神器として白黒テレビ・洗濯機・冷蔵庫が、60年代半ばには新・三種の神器としてカラーテレビ・クーラー・自動車が新しい時代の必需品としてマスコミにより喧伝されました。

その刷り込みにより**「いいモノを多く所有すること」＝「幸せ」と人々は思い込む**ようになりました。すると、所有する喜びや優越感を得る喜びを覚えた人々は、こぞって新車や新築をローンで購入するようになりました。中古でも十分なのに「中古は貧乏くさい」、ましてや「だれかに借りるなんて恥ずかしい」と。

それから50年以上が経ち、社会にはモノがあふれた結果**「これ以上何を買っていいのかわからない」「何を買えば幸せになれるのかわからない」**という状態に陥ってしまっていることが、私たち日本人が幸せを感じられない原因のひとつなのです。

「携帯電話から遠隔操作ができる洗濯機」も「外にいながら中を確認できる冷蔵庫」も、欲しいという人はどのくらいいるのでしょう。個人的には「洗える」「冷やせる」というシンプルな機能だけあれば十分です。実際、過剰気味な機能を削り、低価格で高品質なジェネリック家電が日本でも人気が出はじめています。

反対に、フィジー人はコミュニケーションに価値をおき、助け合うことに喜びを感じます。「いいモノを多く所有することが幸せ」ではなく**「モノや経験を多くの人と共有すること」＝「幸せ」**という考え方の違いなのです。

それでは、結論です。

「共有」という行為は、なぜ人を幸せにするのでしょうか？　それは**「自分の存在価値を確認できるから」**です。

あなたが幸せを感じるのはどんな時でしょうか？

同僚が悩みを相談してくれて、その時間に同僚が喜び感謝してくれた時でしょうか。もしくは、友人たちを招待しホームパーティーを開催したら、みんなが楽しみ盛り上がってくれた時でしょうか。アドラーの心理学によれば、

「自らの主観によって『わたしは他者に貢献できている』『わたしは共同体にとって有益だ』と思えて初めて、我々は自らの価値を実感することができる」

とあります。日常的に共有を繰り返すことは、自分がこの世に存在する意義を自ら確認できる機会を増やすことであり、それが安らぎにつながります。

「共同体の中で生きていく上で最大の不幸は、自分がまわりに必要とされていないと感じる孤独感であり、最大の幸せは、人に必要とされること」

だともアドラーは述べています。

あなたが不幸を感じるのはどんな時でしょうか?

1週間、だれからも電話やメールがない時でしょうか。もしくは、会議中、自分だけが意見を求められない時でしょうか。好きな人に告白してフラれたり、志望した企業から不採用通知が届いたりした時に大きなショックを受けるのは**「自分は必要とされていない」**という事実を突きつけられるからです。

頭で考えれば考えるほど、人はメリットとデメリットを天秤にかけながら行動してしまいがちです。しかし、フィジー人は「ギブ＆テイク」ではなく「ギブ＆ギブ」の発想を持っています。それは人に貢献することが自分の幸せにつながっていることを経験的に熟知しているからでしょう。

また、当たり前ですが、人に貢献する行為は人間関係を良好にする効果があります。「人の悩みのほとんどは人間関係」とさえ言われています。ですから**「共有」は悩みをゼロに近づける最良の手段**と言えます。

人間関係が良くなれば、さらに貢献したくなるので、好循環がそこに発生します。結果、フィジー人社会ではどんどん「つながり」が強化されていったのでしょう。

アンタを
ひつようと
してくれるヒトを
たいせつにしよな

幸せは「所有」して掴むのではなく「共有」して掴む

では、フィジーから遠くはなれた日本で生きる私たちが、幸せになるためにできることはなんでしょうか？

それは**「脱・所有」**です。何かを買う前に、欲しがる前に「本当にそれは必要か？」と見直すこと。「だれかと共有したほうが経済的だし楽しくないか？」と考えること。**幸せは「所有」して掴む時代から「共有」して掴む時代へ**とシフトしつつあります。

ただ、日本には「ケレケレ」という文化はありません。となり近所とも付き合いがないのにどうやって共有すればいいのか、と思う方も多いでしょう。

そこで、今、日本の若者の間で急速に広まっている、インターネットを利用した「シェアサービス」の出番です。

若者の間では「シェアすることはカッコいいこと」と捉えられるようになってきており、家や車、旅や服などなど、ありとあらゆるモノや体験をシェアするサービスが増えています。それを利用しない手はありません。

一般的に若者はお金に余裕があるわけではないので、シェアすることが節約術としての意味合いを持っています。デフレの時代、お給料がなかなか上がらない中で、新しくモノを「買う」より「分け合う」ほうが賢い選択です。

欧米ではシェア・ビジネスが大きなムーブメントになってきており、「シェアリング・エコノミー」という言葉も生まれています。日本語で言うと「共有型経済」。モノやサービス、お金、情報などを共有・交換することによって成り立つ経済のことです。

日本でも、シェアハウス、ルームシェア、カーシェアリング、オフィスシェアリング、ワークシェアリングなど「シェア」のつく言葉が飛び交うようになってきています。

これらを上手に活用すれば、私たちの暮らしはより経済的に、かつコミュニケーション豊かなものになります。

では実例として、最近、日本で話題のシェア型サービスをいくつか挙げてみましょう。

❶ Airbnb（エアービーアンドビー）

これは、旅行の時に使うと便利なサービスです。

2008年にアメリカで生まれた、自分の家の空き部屋を旅行者（ゲスト）に有料で貸し出すサービスで、世界190カ国以上（3万4000以上の都市）で100万人以上のホスト（家の提供者）が登録しています。

あなたがウェブサイトで目的地を入力すれば、そこに住むホストの物件写真と顔写真がずらりと表示されます。そこからゲストは宿泊したいホストを選びます。

ようは、旅行に出掛けた時に、狭く値が張るだけのビジネスホテルではなく、その町に住む人の家に泊まることができるというわけです。ホストは普段使っていない別荘だったり、空いている部屋を登録しており、その多くはビジネスホテルより広く清潔で、家族みんなで一軒家に泊まれたりします。

見ず知らずの人を自分の家に宿泊させることは日本人には難しいかと思われていましたが、日本でのホスト登録もすでに1万件を超え、ものすごい勢いで拡大しています。

Airbnb はリオデジャネイロ・オリンピックの公式サプライヤー（ホテル供給者）になったほどです。世界からの旅行者を収容する宿泊施設が不足しているため、Airbnb がそこを担うようです。

❷ notteco（ノッテコ）

これは、車でのお出かけに便利なサービスです。

日本最大級のライドシェア（相乗り）サービスで、空席を持て余しているドライバーと同じ方面に行きたい同乗者をマッチングしています。1万5000人以上の会員登録があります。

ひとつの車を共有する「カーシェアリング」を越える、ひとつの車に一緒に乗るライドシェア。

ガソリン代や高速代の実費を割勘できるので経済的ですし、何より新しい出会いの機会になり、1人だと退屈な移動時間が同乗者との楽しい旅の移動時間になります。また、シェアすることで走行車両が減るので環境にもいい。「安く、楽しく、エコ」なのがライドシェアの魅力です。

❸TimeTicket(タイムチケット)

自分の空き時間を有効活用(共有)し、ちょっとした副収入を得ることができるサービスです。

「あなたの知っていることを知らない人は必ずいる。ありきたりじゃない30分をシェアしてみよう」が謳い文句で、サービスの提供者(ホスト）は、利用者（ゲスト）に対してチケットを販売します。チケットにはゲストと何を一緒にするかが書かれています。
ようは、自分の時間を売り、人の時間を買うわけです。たとえば「プロフィール写真を撮影します」や「起業の相談にのります」「ランチを一緒にします」などなど、多様なサービスが並んでいます。

❹Any＋Times（エニタイムズ）

こちらは知っておくと毎日の暮らしが便利になるサービスです。同じ地域に住む人に、掃除や買い物、名刺整理などの特別なスキルを必要としない家事を依頼できる有料サービス。サービス開始は2013年。地域の活性化や新しい雇用の創出を目的としています。

このサービスの代表の角田千佳さんは「究極的なゴールは、サービスそのものが必要なくなるくらいのつながりができること」と仰っています。やはり理想的であるのは、ご近所さん同士でモノを貸し借りしたり、助け合ったりすることが当たり前だった社会だと。それを取り戻すきっかけにしたいと言います。

となり近所との付き合いがなくなってしまった現代に、**若者たちはインターネットを使って「共有」という習慣を復活させました。**

しかし「インターネットだとトラブルが不安」という方もいらっしゃると思います。

その不安を和らげるためにも、それぞれのサービスには共通して「評価制度」というものがあります。

たとえばAirbnbでは、ゲストは、部屋やホストに対する印象をコメントとして残すことができ、その評価が次のゲストの判断材料となります。逆にホストもゲストの評価を残すことができます。この評価制度によって安全の質を高めています。

これらの新しいサービスの利用者は「節約」や「小遣い稼ぎ」といった目的もありますが、それ以上に求めているのは、コミュニケーションや出会いといった「体験」です。

モノを所有して1人で得る幸せより、体験を共有してみんなで得る幸せのほうが心が満たされることは、想像に難くないですね。

日本の若者は「車を買わない」「欲がない」「○○離れ」だと批判されてきました。しかし、それは決してネガティブな文脈で語られるべき話ではないのです。だって「共有」すればいいのですから。そっちのほうが安くて楽しいのですから。

もちろん、こういったサービスを使わなくてもできることはたくさんあります。自分の家の倉庫や押入れに眠っているキャンプ用品や楽器。自分だけのために自炊するのも経済的ではないので、友達を呼んで振るまったり。はたまた、知り合いの農家から畑の一部を借りて、休日にでも指導を受けながら農作業をしてみたり。

日常的にいろんなものをシェアすることで、人間関係が活性化し、コミュニケーションの量が増え、多様化します。

喫煙所で喫煙者が知らない人とライターの貸し借りをし、それがきっかけとなり、会話に華が咲く。そんな素晴らしい世界を喫煙所だけに限定しておくのはもったいないと思いませんか？　シェアは日常に彩りを運んできてくれる貴重なツールです。

幸福を感じるための第一歩は**「所有」から「共有」に価値観をシフトさせること**。そして**「共有」から生まれるコミュニケーションをおもしろがること**から始まるのでしょう。

さぁ、あなたは何をシェアすることから始めますか？

モノに
かこまれるんじゃなくて
ヒトに
かこまれてみようや

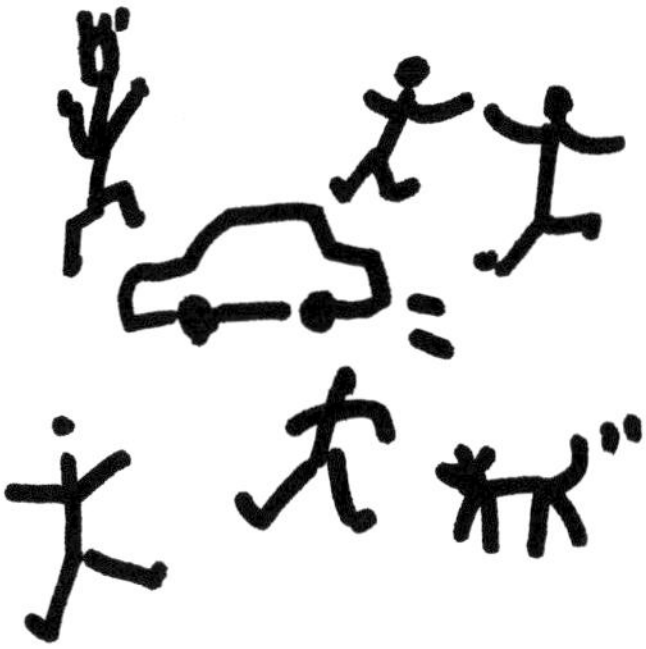

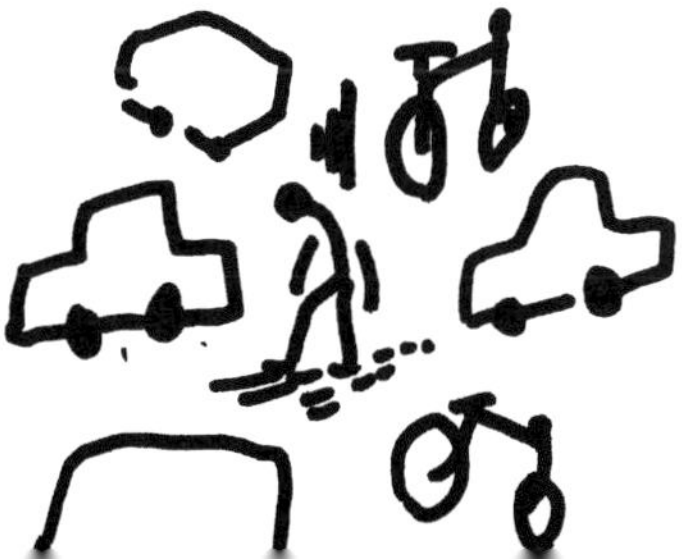

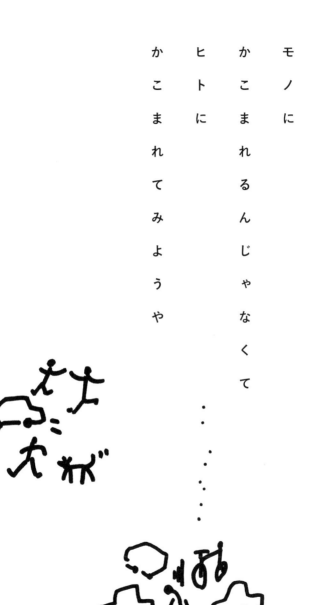

【幸福の習慣②】

テキトー

テキトーを「適当」にしよう

幸せになるためには、
「こうでなければならない」という縛りから
自由になること

茂木健一郎（脳科学者）

8

客より先に帰る靴屋の店員

「モノの多さ」で満たされる幸せより「ストレスの多さ」から感じる不幸せのほうが多い。これが私たち日本人が幸せを感じることができない原因のひとつでしょう。

そんなストレス社会をスイースイーと泳いでいる人を見かけると、なんだかうらやましく思ってしまいますよね。

フィジー人は日本人から「めっちゃテキトーですね」とよく言われます。テキトー。この言葉から、あなたはどんな言葉を連想しますか？　無責任、いいかげん、能天気、雑、などでしょうか。

しかし、この「テキトー」は揶揄されるものではなく、フィジー人が持つ幸せの習慣のひとつなのです。

フィジーを初めて訪れた日のことです。私はいきなりフィジー人のテキトーさに愕然とさせられました。

運動靴を買うために靴屋を訪れました。10畳ちょっとの小さなお店でしたが、お客さんが3人、店員は4人もいます。ぎゅうぎゅうな店内に入ると、好青年に見える店員がフレンドリーに話しかけてきます。

「こんちはー。フィジーには観光で来たん？ どんな靴、探してるん？」「運動靴を探してます」**「じゃあ、ここのコーナーにある分が全部」**「そうですか。うーん、じゃあ、コレにします。サイズは7がいいんですけどありますか？」**「たぶんあるで。ちょっと待ってて。在庫チェックしてくるわ」**。

そう言って、奥のほうへ消えていきました。

待っている間、暇つぶしに運動靴以外の靴を見てまわっていましたが、2分で終了。ぼーっとしながら店員を待ちます。

10分経過。遅い。イライラ。でも、がまん、がまん。途上国ではよくあることです。「郷に入っては郷に従え」と自分に言い聞かせます。

20分経過。遅い。もしかして在庫室で事故でもあったのか。逆に心配になってきたので、別の男性店員に事情を伝えてみました。小太りで愛想のいい店員は**「大丈夫大丈夫。もうすぐ来るから」**と根拠のない発言。一応、信じて待つことにしました。

25分経過。さすがにあり得ない。さっきの店員に「ほかの店で買います！（怒）」と伝えると**「じゃあ、ちょっと探してくるわ。待ってて」**と。

30分経過。予想はなんとなくしていましたが、ミイラとりがミイラに……。いつの間にか私以外のお客さんはいなくなっていました。そして、また別の店員が一言。

「悪いけど、もう閉店の時間やねん」。

言い返すのも面倒なので、無言で店を出ようと思った瞬間、小太りの店員が戻ってきてこう言いました。

「アイツ、もう家に帰ったみたいやわ。アイツの代わりに僕が靴を探してくるわ。どの靴が欲しいんやっけ？」。

私はそのまま無言でお店を去りました。これがフィジーでの最初のテキトー体験でした。

このように最初は私自身もイライラし続けた「テキトーさ」ですが、この国で暮らしていくうちに、それがフィジー人が持つ**「余裕」**や**「自由」**につながる**幸福の習慣**であることを私は思い知らされることになりました。

9 マニュアルなんてクソくらえ

フィジー人はテキトーなので、マニュアルを守りません。

私が会員になっているスポーツクラブでのことです。受付で中国人男性が入会の申し込みをしていました。彼の顔は何度か見かけたことがありましたが話したことがなかったので、この機会に挨拶しておこうと声をかけてみました。

「こんにちは。空港で働いてますよね？　お見かけしたことがあります。入会するんですか？」「あぁ、こんにちは。そうなんです。最近、運動不足で」。

話していると、ちょいワルな受付のおばさんが会話に入ってきました。

「あんたら、知り合いなん？」「いや。知り合いというか、僕も彼（中国人）も空港で働いているんです。話したことはなかったんですが、見かけたことはありました」。

おばさんは、ここからものすごい提案を私に持ちかけました。

「ちょうどよかった。じゃあ、ここにサインしてや」「……え？　これ、何ですか？」

「彼、会員になるために申込書を書いてるんやん。で、身元保証人のサインが必要やねん。だから、あんたがサインしてくれたらええねん」「身元保証人？　僕、彼のことは何も知りませんよ。空港で見かけたことがあるだけですから」**「でも、あんたは彼を見たことあるんやし、彼もあんたを見たことあるんやで。身元保証人として十分やろ」。**

「なんでやねん！」と、私は心の中で激しく突っ込みました。しかし、フィジーの常識は、世界の非常識。中国人の彼は早くも洗脳されたのか、サインをしてほしそうなオーラを無言で出しています。私は悟りました。このサインをする流れを止めることはできないと……。

彼が不祥事を起こした時、身元保証人にはどんな責任があるのだろう？　そんな不安を感じながらも「これがフィジー流なんだ」と自分を納得させつつサインしました。

その2週間後。私はスポーツクラブでテニスを楽しんでから、クラブ内のバーで「運動後のビールは最高！」と気持ちよく飲んでいました。そこへ受付のお姉さんが微笑みながら近づいてきて言いました。

「あんな〜、昨日、中国人の団体さんが10人新規で会員に申し込んでん。だから、あんた、身元保証人になってくれへん?」。

今回はさすがにお断りしました。人数が10人であることもさることながら、その団体の素性もまったくわからないのですから……。スポーツクラブのマニュアルにも「同じアジア人ならだれでもいいから身元保証人に」とは書いていないはずです。フィジー人の臨機応変度は計りしれません。

その1カ月後、今回は私に有利な展開でしたが、携帯ショップでも似たようなケースがありました。携帯を購入するために店に入るとぶっきらぼうな女性店員が対応してくれました。その時の話です。

「この携帯をください。今日から使えるようにできますか?」「できるで。この登録用紙に必要事項を書いていって」「あっ、もしかして身分証明書って必要ですか?」「必要やで」「しまった。忘れてしまいました……」「ほんなら登録できひんやん」「ですよね……。また明日にでも来ますね」。

しぶしぶ私が立ち去ろうとした瞬間、ぶっきらぼうな店員が「ちょっと待ち」と、おもむろに登録用紙に何かを書きはじめました。

「何やってるんですか?」「**ん? 私の名前で登録してあげるわ**」「え? そんなことができるんですか?」「**私は身分証明書を持ってるからな**」「いやいや、そうじゃなくって。お客さんの分をスタッフ名義で登録していいんですか?」「**アカンに決まってるやん。でも、ええねん**」「……。よ、よくわかりませんが、とりあえず助かります」。

ツンデレすぎるやさしさです。これをテキトーすぎると表現するのかフレキシブルと表現するのか。マニュアル至上主義の日本では絶対にあり得ない対応です。日本で店員がこんなことをしていたら確実に処分されるでしょう。

このテキトーっぷりがなぜ余裕や自由につながるのか、それを知るために次の節で少しフィジーと日本を比べてみましょう。

10

モンスタークレーマーのいない社会

フィジーにはモンスタークレーマーがいません。これは「テキトー」がもたらす社会へのメリットのひとつでしょう。

頑張った自分へのご褒美として、私は年に1度、家族と高級ホテルに宿泊し、観光客としてフィジーを味わいます。その年に1度のホテルをチェックアウトするためにレセプションへ行った時のことです。

私はレセプションの陽気で小柄なおばさんに「ミニバー（部屋に備えつきの冷蔵庫）のビールとコーラを1本ずつ飲んだので精算をお願いします」と伝えました。すると、おばさんはニコッと微笑み、ウィンクをしてきたのです。請求書を見ると飲み物代が含まれておらず、意味がわかりました。

単に処理が面倒なだけだとは思うのですが、フィジー人はサービス精神が旺盛で、こういうマニュアル外の対応をしてくれることがよくあります。このホテルはだれもが知っている世界に名だたる高級ホテルです。そんな場所ですら、テキトーな対応は日夜繰り返されています。

一方、いろんな国を旅しましたが、やはり日本の接客レベルは世界一です。

コンビニでガムをひとつ買うだけでも、店員さんは面倒くさい様子を見せず、時には笑顔の応対をしてくれます。

ドラッグ・ストアでは、店員さんがすごいスピードで商品陳列をしています。しかも、大きい声で「いらっしゃいませー!」と叫びながら。そしてレジが混みはじめると、陳列業務を一旦止めてダッシュでレジへ。神様であるお客様を待たせることがないように。

日本を訪問する外国人は、その姿に驚愕します。

その姿を見て「最高のカスタマー・サービスだ」と賞賛されることがある反面「チップがもらえるわけじゃないのに、なぜあそこまでやらなければならないのか?」とか「絶対に日本で働きたくない」と言われることもあります。

通常の応対でもこれだけ高いレベルが求められるのです。では、クレーム対応の場合はどれほどなのでしょう。

ある会社でお客様相談室の電話対応をしていた私の友人（日本人）がいます。当時26歳、チャキチャキとしていて活発な女性でした。彼女曰く、よくこういうクレーム電話を受けていたそうです。

「夜8時までに商品を自宅に届けてって依頼していたのに、届いたのは8時5分です。大事な会議に参加するために、8時までに家を出ないといけなかったのに。あなたのところのミスで、会議に遅刻してしまった。そのせいで商談がうまくいかなかった。どう責任とってくれるんですか」。

もちろん、本人のミスではないですが、会社を代表して彼女は謝罪します。丁寧に何回も謝ります。それでもお客さんは納得しません。

「こっちは客ですよ。お金払っているんですよ」。

神様は恫喝してきます。こういう対応を1日に何件も処理せねばならず、彼女は精神疾患になり4カ月で退職することになりました。

日本では、**お客さんの時は世界最高のサービスを受けることができます**。しかしその分、**働く側にまわった時のストレスも世界一**なのです。

商品の価格帯にかかわらずファーストクラスのサービスが当たり前。お客さんの期待値が高すぎる。「客は天国、労働者は地獄」の格差社会です。

フィジーでは、小さなカフェで大声でウェイトレスを呼んでも気づいてくれないことがあります。ウェイトレス同士でおしゃべりに夢中だからです。「お客様は神様」なわけがないのです。それが普通なので、過剰なサービスを要求するモンスタークレーマーは生まれません。自分にゆるく、他人にもゆるい。フィジーは「客も労働者もテキトー天国」なのです。

過剰サービスを求めることは、いつか自分の首を絞めることになる。それをわかっておくだけで、レストランで、ホテルで、学校で「本当にそこまでしてもらわないと満足できないのか?」を考え、明日からの暮らしを少しはゆるくできそうですね。

そこまで
いわんでも
ええやんか
いつかジブンに
かえってくるで

11

受刑者を国民全体で「許す」社会

社会勉強のためにと、フィジーの刑務所（ナタンブア刑務所）をアポなしで訪問しました。

刑務所は高さ10メートルほどのフェンスで囲まれています。高いフェンスを見上げて、そのまま目線を下げると、フェンスの外の芝生に上下ともにオレンジ色の服を着た人が10人ほど、楽しそうに座って談笑していました。

まさか受刑者たち？　と思い、話しかけてみました。

「もしかして受刑者の方たちですか？」「ん？　そうやで。どうしたん？」。

やっぱり!!

「こ、ここで何をしているんですか？」「日なたぼっこ。ええ天気やからな」。

「ここ、刑務所だったよな？」と自問しつつ受刑者たちと話していると、制服を着た刑務官の男性が私を見つけて話しかけてきました。

「きみ、何してんの？」（いや、聞くなら私じゃなくて彼らでしょ）。

一応、不審者と思われないようにしっかりと自己紹介をしてから、フィジーの刑務所について学びたい旨を伝えると、刑務所内にあっさりと入れてくれました。フィジーのこういうゆるさが大好きです。

「じゃあ、チーフを紹介したげるわ」。

中に入るとチーフが不在だと判明し、代わりに広報担当の男性を紹介してもらいました。一目見てゲイとわかる男性。ランチに行くところだというので、一緒に中華料理屋へ行き、いろいろと質問をぶつけてみました。

「さっき、フェンスの外に受刑者たちがいるのを見たんですけど、逃げたりしないんですか？」**「大丈夫！　刑務官と受刑者との信頼関係があるからな。フィジーはちっちゃい国やから逃げてもすぐ捕まるし（笑）」**。

いやいや、捕まるからいいという話ではないと思いますが……。

「そ、そうなんですね……。ところで、あなたは何の広報をしてるんですか？」**「法務省で『イエローリボンプログラム』の広報をやってるねん」**「なんですか、それ？」**「元受刑者の社会復帰を応援する活動のことやで。受刑者ってイメージ悪**

いやん。だから出所後の雇用先を見つけるのに苦労すんのよね」「たしかに」「で、お金が手に入らへんからまた犯罪に手を染めてしまう。そんな悪循環を断つためにあるねん。まずは国民の意識から変えていく必要があるから、広報は重要やで」。

あとで調べたところ、このプログラムは日本の映画『幸福の黄色いハンカチ』がモチーフだそうです。

たとえば、受刑者たちに社会貢献活動をやってもらうとのこと。土葬のための穴を掘ったり、老人ホームの掃除をしたり、ホテルでガーデニングをしたり。その様子を新聞とかテレビで報道してもらうそうです。

受刑者が刑務所の外に出てボランティア活動ができる。一面から見るとてもよい活動ですが、地元の人たちからの反対はないのでしょうか。そのまま疑問をぶつけてみました。

「特にないで。問題も起きてへんし。受刑者への偏見をなくすためには、受刑者が一般社会の中にいるのが当たり前の状態にするのがいいと思うねん」「なるほど」「やから、ボランティア活動だけじゃなくて、刑務所外でちゃんとした仕事をしてもらったりもするで」。

なるほどたしかにとは思いますが、それを現実にするのは難しそうです。実際、どんな仕事をしているのでしょうか。

「刑務所の外で労働もできるんですか？　どんな？」「**整備士とか裁縫師とか。午前中は刑務所の近くの畑で農作業をして、午後は町の工場で働いて、夕方に刑務所に戻ってくる、みたいな感じ。工場での労働は一般の労働者並みの給料がもらえるから、出所後の貯金にできるねん**」。

聞くだけですごい制度です。

「なるほど。たしかに再犯防止に効果がありそうですね。服役中の職業訓練の機会もあるんですか？」「**もちろんあるで。数年前にフィジーは「刑務所」って呼び名を「矯正施設」に変更してん。だから、受刑者を仕事ができる状態にして社会に戻す責任が刑務所にはあるんよ**」。

具体的には、農業や養豚・養鶏業、陶器づくり、服の仕立て、柩づくりなどがあるそうです。そして、１日２Ｆ＄（１２０円）の給料が各受刑者の口座に振り込まれます。それを出所後、自分でビジネスを始めるためだったり、新しい農具や工具を買ったりするお金にできるそうです。

「すごく寛容な社会ですね」「いやいや。そんなことないで。どこの国でも同じやろうけど、受刑者への社会の目はやっぱり厳しいよ。だから、刑務所の職員たちが受刑者の家族や村の人たちに会いにいって、出所後に受け入れてくれるようにお願いしたりもしてるで」。

イエローリボンプログラムは2008年に始まり、元受刑者の就業率は上がり、再犯率は下がり、かなりの効果が出ているとのこと。国民の受刑者に対するイメージは確実に変わってきているそうです。

「あなたはなぜこの仕事をしようと思ったんですか?」「……実は、僕も元受刑者やねん(笑)。イエローリボンプログラムに救われた1人や。服役中に刑務所関係の事務仕事を担当してたんよね。その成果が認められて、今の仕事に就くことになってん」「えっ……。そうだったんですね。聞いていいのかわかりませんが、何の罪ですか?」「会社で働いてた時に、言われるがままにテキトーにサインしてたら、いつのまにか文書偽造罪になってたわ(笑)」。

さすがテキトーなフィジーですね。

しかし、受刑者の社会復帰を応援している法務省自らが元受刑者を広報担当に抜躍するのは、大胆かつ効果的な戦略です。実際、彼がゲイであることも話題性があって、宣伝効果は抜群だそうです。

日本でも受刑者の社会復帰を支援する取り組みは数多くありますが、問題も山積しています。フィジーとは反対に、出所できたとしても家族や親戚、友人などがいないことが原因で「つながり」を求めて刑務所に戻ろうと再犯を繰り返す人たちがいます。

『2円で刑務所、5億で執行猶予』（光文社）の著者である浜井浩一さんは言います。

「刑務所には自由はない。しかし、刑務所の中に孤独はない」。

元受刑者を温かく受け入れる社会。それは、テキトーを「許す」という行為を繰り返してきたフィジーの人々の価値観が生み出したものなのかもしれません。

受刑者を許せとまでは言いませんが、私たち日本人は「許す」という行為があまりにも下手なような気がします。先述したモンスタークレーマーの話もそうです。

日々の暮らしで受けるミスや不手際。イラッとしてしまうこともあるでしょう。しかしそれは、冷静に考えればそこまで怒る必要のあることなのでしょうか。怒るほうが疲れ損なこと、きっとたくさんあるはずです。

おこるだけ、そん。
ゆるすこと
もっとじょうずに
できるんちゃう？

12

国際事件の通訳として日本人の私が1日警察官に就任

フィジーは警察もテキトーです。

テキトーすぎて、私はある国際事件を取り扱う「1日警察官」に任命されたことがあります。

その日の夕方、私は空港オフィスで仕事をしていました。すると突然、いかつい顔の男性警官がオフィスに飛びこんできました。

「今、スペイン語を話せる人を探してんねん」「え、どうしたんですか？　僕、中南米を旅した時に少しだけ使ってましたけど」**「ほんまか！　じゃあ今すぐ警察署まで同行して」**「え！　な、何があったんですか？」。

どうやら緊急事態のようです。

「麻薬の密輸容疑で逮捕したやつがおんねん。けど、そいつスペイン語しか話さ

れへんから通訳してほしいねん」「いやいやいやいや。僕、単語を少し知っているだけです。通訳なんて無理です」「もう、お前しかおらんねん。めっちゃ探したけど、見つからへんねんから。はよ行くで」「えぇ……。わ、わかりました」。

しぶしぶ警察署へ向かうこととなり、パトカーの中で事件のあらすじを説明されました。

どうやら、数日前フィジーに入国したメキシコ人女性が宿泊するホテルの部屋からコカイン約2キロが見つかったとのこと。そして、彼女と同じ時期に入国していたコロンビア人男性に共犯の容疑がかかったそうで、私は彼の通訳として呼ばれたようでした。

警察署に到着し、取調室に向かいます。狭い部屋にはテーブルがひとつと椅子が3つ。そこに1人の白髪男性が背中を向けて座っていました。容疑者のコロンビア人です。

彼はパッと振り返り、私のほうを見てきました。目が合い、私が通訳と察知したのか猛烈な勢いでスペイン語を話してきます（しかし、私には何を言っているのかさっぱりわかりません……）。

とりあえず、流れのままに警官とともに着席。私はかすかに記憶しているスペイン語の単語を並べて、その白髪男性に「スペイン語、ちょっとしか、わからない。ゆっくり、話す、ＯＫ？」と伝えました。これだけはなんとか伝わったようで、容疑者は無言でうなずきました。

私は不安でいっぱいでしたが、警官は私の気持ちなんてまったく気に留めません。いろんな質問を繰り出しては私に通訳を求めてきます。

「メキシコ人女性とはどういう関係や？」「ほかに協力者はおるんか？」。

私は数少ないボキャブラリーを駆使して、というか、ほとんどジェスチャーと絵で容疑者を尋問します。意外とこれでも伝わるようです。

容疑者は「コカインなんか知らない。僕は無実だ」の一点張り。あとはたまに「お腹すいた」と言ってくるだけ。実りのない取り調べが30分程度続きました。そして、ついに質問が尽きた警官は私にこう言ってきました。

「らちがあかんな。しらばっくれやがって」「実際、何も知らないんじゃないですか？」**「そんなわけないやろ。俺は今からちょっと席外すわ」**。

突然の職場放棄宣言です。

「え？　僕はどうすれば？」「こいつ、お前には気を許してるみたいや。ここに残って自白させてくれ」「え、僕、ただの通訳ですよね？　僕がそんなことやってもいいんですか？」「ええねん。今日、お前を1日警察官に任命する」「そんなんアリなんですか？　じゃあ、なんとか頑張ってみます……」「頼んだでっ！」。

警官は退席し、取調室は容疑者と私の2人っきり。この状況、ほんの1時間前には想像もできなかったシチュエーションです。一応、私なりに自白させようとしてみましたが、容疑者は本当に何も知らない様子。言語の壁もあり、結局、私は1日警察官として何の成果も上げられませんでした。

30分くらい経ち、警官が戻ってきました。任務を果たせなかったことを報告すると、彼は当然のように言いました。

「しゃあないな。今日はこれぐらいにしとこ。明日また来てや」「いやいや。明日は用事があるので無理です。もっといい通訳を探してください」。

そう言い残し、私は警察署をあとにしました。

後日、事件の真相が判明したのですが、この容疑者はやっぱりシロでした。メキシコ人女性のほうだけ懲役8年でフィジーの刑務所へ収監されたそうです。その後この事件は、オーストラリア連邦警察とフィジー警察が国をまたいで合同捜査をするほどに発展。メキシコ人女性が持ち込んだコカインは、フィジー経由でオーストラリアに運び込まれる計画だったそうです。

　そんな大事件の発端に、どこの馬の骨ともわからない日本人の私を1日警察官に任命するとは……。フィジーで警察沙汰に巻き込まれるのは絶対に避けよう。この時そう誓ったのを覚えています。

13

両耳にハイビスカスをつけて踊る警備員

フィジーの交通警備員はパフォーマーを兼務しています。
車で空港に行く時にいつも見る、30代男性の交通警備員は「踊る警備員」として有名です。

服装自体は日本でもよく見る警備員の格好です。しかしそこにサングラスをかけ、両耳には赤いハイビスカス。よく見るとベストの下のシャツはアロハシャツです（フィジーではブラシャツといいます）。そんな格好でコミカルな動きを織り交ぜつつ、いろんなパターンでつねに笑顔で交通誘導をしています。

走行中のドライバーとハイタッチをしたり、パントマイムやロボットダンスのような動きをしたりと、日本であれば通行人たちから「ふざけるなっ！」「常識がない！」と確実にクレームが入ることでしょう。

ましてや事故でも起きようものなら、そんな警備員の業務態度を黙認していた会社の責任が厳しく問われることでしょう。そして、彼のような癒しをくれる人物はいなくなってしまう……。

しかし「警備員が踊ってはいけない」「ハイビスカスを耳につけてはいけない」なんて常識、だれが決めたのでしょうか？

フィジーではそんなクレームをつける野暮な人はいません。それどころか、彼の真似をする交通警備員が続出しています。

観光客なんかは楽しそうに写真や動画を撮影しており、旅行の思い出づくりに貢献すらしています。渋滞に巻き込まれた時には、彼のパフォーマンスは暇つぶしやイライラ防止にもなります。道化師のような彼の動きに見とれてしまい、脇見運転になりがちなのはたまにキズですが……。

踊る警備員になぜ踊るように誘導するのか尋ねてみると、こう言ってのけました。

「僕の退屈しのぎにもなるし、幸せをばらまいてみんなを笑顔にもできるし、ナイスアイデアやろ」。

テキトーは、古い制約やくだらない常識を壊します。人を「笑顔」に、そして「幸せ」にします。それは同時に、人々がテキトーを受け入れているからなのです。

あなたは、テキトーをどれだけ受け入れられるでしょうか？

くだらへんことが
ヒトを
しあわせに
するんやで

14

パトカーが私用で使われて出動できない

フィジーの治安は、警察も泥棒も互いにテキトーだから成り立っています。

2年に1回ほどの頻度で、私が勤める語学学校では、警察による安全講話があります。その講話に来てくれた女性警官から聞いた話です。

フィジーのパトカーにはガソリン代の制限があるそうで、パトカー1台につき1日20F$（1200円）の上限に達すると出動はできません。その女性警官は、パトカー出動ができない時に事件が起きると自腹でタクシー出動をしているそうです。

なぜそういうルールがあるでしょうか？　尋ねると教えてくれました。

「パトカーを私用で使う警官がおるからね。勤務中にパトカーで昼飯食べに家に帰ったり、彼女乗っけてドライブしたり。そういうんを防止するために、上限が設定されてんねん」。

……圧巻です。この話を同僚の女性教師にしてみると、珍しくぼやきが聞こえてきました。

「困ったもんよね。1年くらい前、隣の家の門を泥棒1人が乗り越えようとしてるとこを目撃したんよ。すぐに警察に電話したけど『パトカーを今、出動させられへんねん。迎えにきてくれたら行けるで』って返事やったわ……」。

市民からの新聞への投稿記事でも似たような苦情を見かけます。**「パトカーがダメなら、馬で出動したらええやん」**という投稿も載っていました。実際、場所によっては馬で出動しているところもあるようです。

しかし、警察はテキトーな感じなのですが意外と検挙率は高いようです。その理由のひとつは、**犯人もテキトーだから**です。犯行の多くが緻密に計画されたものではなく衝動的なもので、犯人が証拠を現場に残していくのです。

たとえば、日曜日の教会帰りに魔が差してしまい盗みを働いてしまう。しかし、現場に聖書を置いてきてしまうのです。なんと**自分の名前入り**の。

15

パスポートの在庫がなくなり、国民が出国できなくなる

フィジーは、お国の仕事もテキトーです。テキトーなので、国が持っているパスポートの在庫が切れることがあります。

２０１１年のある日、私の同僚が日本へ出張に行くことが決まりました。彼女は日本への出張決定の知らせに大喜び。多くのフィジー人は一生涯、国外へ出る機会がないのだから当然です。

当時、彼女はパスポートを持っておらず新規で申請する必要があり、フィジー入国管理局（以下、入管）に電話で問い合わせました。

「パスポートをつくりたいんですけど」「ん？　今は無理やで。パスポートの在庫がないから」「え？　パスポートの在庫がない？　どういうこと？」「4カ月前にパスポートの在庫が切れてん。今、イギリスから船で輸送中や。だから、あんた

だけじゃなくて、みんな発行待ちの状態やねん」。

パスポートの在庫が切れるなんて、日本では想像もできません。なぜそんな事態になったのかについてはいろいろ説があります。「入管によるパスポートの在庫管理がヒドすぎるから」「政府のパスポート予算が少なすぎてパスポートを発注できないから」など。

そして、多くのフィジー人はこう言います。

「That's Fiji（それがフィジーだ）」。

しかも誇らしげに……。

結局、彼女は「緊急パスポート」というものを発行してもらい、無事に日本へ旅立つことができたのですが、その数日後の新聞に入管責任者の発言が載っていました。

「パスポートがフィジーに届きました。発行を待っている人たちのために、たとえ残業することになってもベストを尽くします」。

これを見て、「いやいや、これだけ遅れたんだから残業するのは当たり前だろ」と突っ込んでしまうのは私が日本人だからなのでしょう。

もちろん、フィジー人もやる時はやります。本当に大変になると猛烈に仕事をして短時間で終わらせます。そして終わると元に戻ります（この猛烈状態がずっと続いているのが日本のサラリーマンですね……泣）。

5カ月の間、フィジーはパスポートの在庫が切れた状態になっており、約7000人に影響が出たようです。この問題、2011年にだけ発生した問題かと思いきや、調べてみると、06年、07年、12年にも起きていました。

また、発行されるパスポートの名前や誕生日が間違っていることもあります。「パスポートは命の次に大切なもの」とよく言います。世界のどこでも通じる身分証明書なのですから。そのパスポートをもテキトーに発行してしまうのがフィジーです。

これは、もはや幸福論でもなんでもない、ただの反省点ですね……。

とにかく、重要ではないことも重要なことも、平等にテキトーにやるフィジー。重要ではないことも重要なことも、平等に完璧にやる日本。決してフィジーの働き方が正解で日本が間違っているとか、その逆とかいう話ではありません。実際、日本人すべてがフィジー人の真似事をしてしまうと経済はとても苦しくなってしまうでしょう。

しかし、働き方はひとつではないこと。今のあなたの働き方は唯一無二の代わりの効かない働き方ではないことをまずは頭に入れてほしいのです。

フィジー人と日本人の感覚を足して２で割れたらいいのにと思うところです。仕事第一主義の人もプライベート第一主義の人も、どちらも共存できたら素敵ですね。

16

「誕生日だから」を理由に容疑者を釈放

フィジーでは、検察官も弁護士も裁判官もテキトーです。

２０１２年５月、暴行の罪で起訴されていた男性が無罪になりました。無罪判決の理由は、検察官が事件関連のファイルを法廷に持ってくるのを忘れたから……。

年始に起きた事件でしたが、目撃者が法廷に現れなかったり、弁護士が被告人に伝えた公判日が間違っていたりで、スケジュールがかなり押していたようです。さすがにこれ以上は延期できないというタイミングで、検察官がやらかしてしまったというわけです。

これだけが特別な例ではなく、フィジーの裁判は関係者が集まらずに長引くことが多いのです。たとえば、被告人が離島に住んでいて裁判所までの移動手段がなく出廷できなかったり、関係者への連絡漏れが多かったり。

友達のフィジー人が、ある事件の目撃者として裁判所から召喚されたことがあり、私もついていったことがありました。

法廷に着くと、裁判を待つ大勢の人たちであふれかえっていました。廊下にある長椅子は満席で、立って待っている人たちがほとんど。裁判待ちの人たちと雑談しながら2時間くらい過ぎた頃、担当のスタッフに話しかけられました。

「被告人は間違って別の裁判所に行ってもうたみたい。それに検察官は風邪で休みやし」。

……結局、その日の公判は延期に。次の公判日以降、目撃者の彼にお呼びがかかることはなかったそうです。「遅刻・欠勤は文化」のフィジーだと、裁判スケジュールの調整は難易度が高そうですね。

ほかにもこんなことがありました。窃盗罪で捕まっていたフィジー人の男性が判事にこう頼んだそうです。

「今日は僕の21歳の誕生日なんです。誕生日パーティーやりたいんで保釈してくれませんか？」

そんな依頼をしたら「こいつ、反省してへんやん」という印象を与えることになり、刑が重くなるのでは？　そう思いきや、判事はこう告げました。

「誕生日おめでとう！　出生証明書と保釈金3000ドル（18万円）を預けてくれたら保釈するで！」。

実際、彼の両親が出生証明書と保釈金を用意して、無事に誕生日パーティーを開催できたようです。人生で1度しかない21回目の誕生日は最高の思い出になったことでしょう。そのおかげで裁判は延期になりましたが……。

日本では保釈請求からその決定までは通常3日かかります。しかし、今回のフィジーのケースでは誕生日当日に保釈請求をし、即日に保釈決定、そして釈放。何事も遅々として進まないフィジーにもかかわらずです。ケレケレ精神から頑張って急いでくれたのでしょう。

日本の裁判では、被告人の反省度が判決に影響を与えるので、被告人は反省している態度・ふるまいをする必要があります。裁判で被告人に反省を求める結果、まわりが納得するような「反省の仕方」を身につけてしまい、本当の反省に導く機会が奪われてしまっているのです。

過度な反省を求めず、罪人に対するアメ（許し）を与えることも必要なのかもしれませんね。このフィジーの判事のように。

ジブンにも
ヒトにも
アメよりムチが
おおすぎるんかもよ

結論

なぜ「テキトー」な人は幸せなのか?

フィジーでもっとも多いテキトーは「約束をすっぽかす」です。

たとえば、車を修理業者に出し、いつ直るのか聞くとこう言われます。**「確認して明日電話するわ」**。しかし電話はかかってきません。

ATMにカードが吸い込まれて出てこず、いつカードが戻るのか聞くと決まり文句のように言われます。**「確認して明日電話するわ」**。3日経ってもかかってこないのでこちらから電話すると**「今日かけようと思ってたんや」**と言われます。

フィジー人の男友達から「明日、一緒に映画に行こう」と誘われ、翌日待ち合わせ場所に行っても彼はいません。携帯電話も持っていないので連絡がとれません。家まで行ってみると昼寝しています。起こしてみると「あれ？ 映画って今日やっけ？」とトボけてきます。
しかし、これがフィジーの現実（常識）です。なぜフィジー人はここまで「テキトー」なのでしょうか？ そして、なぜこんなにも「テキトー」なのに社会が成り立つのでしょうか？ それには理由があります。

❶「成功」と「失敗」が自分次第ではない。

フィジー人は会社に遅刻したり、仕事でミスをしたりしても、それは「神様の思し召しであって、自分ではどうしようもないこと」と考えます。

逆に仕事で成果を上げたとしても、同じように「神様の思し召しであって、自分が努力した結果ではない」と考え、神様に感謝します。成功も失敗も自分のコントロール外だと捉えるため「成功させよう」という気持ちや「失敗しないでおこう」という意識が低いのです。

❷自分にゆるく、他人にゆるい。

フィジー人は、自分もよく仕事でミスをしたり、約束を忘れるので、他人の行動にそもそも期待していません。自分に厳しい日本人は「自分ができるのだから相手もできて当然」という発想ですが、自分にゆるいフィジー人は「相手もできなくて当然」なのです。

そういう人の集まりなので社会も寛容です。約束を破っても、日本のように信頼を失いません。結果、まったく緊張感のない社会が形成されています。

❸目の前の人をなんとか助けてあげたい。

第1章でも書いたように、フィジー人は「困っている人を助けたい」という意識が強いということも理由に挙げられるでしょう。だから、会社のルールを破る（マニュアルを無視する）ことに抵抗はなく、目の前のお客さんに喜んでもらうことを優先します。

脳科学者の茂木健一郎さんは、著書『幸福になる「脳の使い方」』（PHP新書）で、このように述べています。

「幸せになるためには、『こうでなければならない』という縛りから自由になること」。

フィジー人の社会は、責任やこだわりといった「制約（縛り）」から遠いところに存在していて、頭の中にはつねに、まあいっかという自由な文字が踊っています。結果、窮屈さやストレスをあまり感じず、ゆとりが生まれます。自分に余裕があるので、他人に対しても寛容でいられるのです。

テキトーの反対は「完璧主義」です。日本人はその傾向が非常に強い。それを象徴するかのように、日本について語られた世界のジョークがあります。

とあるアメリカの自動車会社が、ロシアと日本の部品工場に仕事を発注しました。条件は「不良品は1000個につき1つとすること」。数日後、ロシアの工場からメールが届きました。「不良品を1000個に1つというのは、大変難しい条件です。期日にはどうしても間に合いません。納期の延長をお願いします」。数日後、日本の工場からもメールが届きました。「納期に向けて作業は順調に進んでおります。ただ、不良品用の設計図が届いておりません。至急、送付してください」。

ロシアや中国では不良品が100個に1つでも仕方なしと判断されます。日本では不良品が1万個に1つでも問題になることがあります。とことん100点を追求する日本人の「KAIZEN」スタイルが、商品の品質・多様性を高めていきます。完璧主義のいい部分です。

逆に、悪い部分もあります。完璧を求めることで、**どうでもいい些細なことに固執してしまう**ところ。そして、必要性の有無とは関係なく完璧にできないという理由で、**途中で投げ出し挫折してしまう**ところです。完璧にやることが目的となってしまい、本来の目的からズレてしまうからでしょう。

たとえば、英会話がそうです。「外国人と話せるようになりたい」という目的で英会話を習いはじめるのですが、本人も気がつかないうちに「文法のミスがない完璧な英語を話すこと」を目指して勉強をしてしまっている人がたくさんいます。

日本人は、自分の発言が相手に伝わったのかどうかよりも、その文法が正しかったのかどうかを非常に気にします。英語を専門にしている通訳や翻訳家ならまだしも、そうではない人にとって、正確無比な英語を使うことにどれほどの意味があるのでしょうか。

完璧主義者は、本当に完璧でないと自分に合格点を与えられないので「自信」を失うことにもつながりやすいと言われています。

実際、内閣府の調査では「他国の国民に比べて日本人は自信がない」という結果が出ています。

「子ども・若者白書（平成26年）」を見てみましょう。アメリカ、イギリス、フランス、ドイツ、スウェーデン、韓国、日本の世界7カ国の13〜29歳の男女を対象に実施した調査です。「自分自身に満足している」と回答した人の割合も「自分には長所がある」と回答した人の割合も日本は最下位でした。

「平成の無責任男」と称される、コメディアンであり俳優の高田純次さん（自称マジシャン）も自信に価値をおく発言をしています。

「自惚れも自信のうち」。

生きづらい時代だと言われる今の日本において高田さんが老若男女から絶大な人気があり、愛されているのは、日本人があのテキトーな感じに憧れているからではないでしょうか。

「責任なんて放り出して生きてみたい」「日頃言えないことをああやってサラッと言いたい」「自分もできることならそんなふうに振舞ってみ

たい」と。

高田さんは「バランス」という言葉をよく使い、意識されているそうです。もしかすると、**日本人の中で「テキトー」と思われる人は、世界基準では非常にバランスがとれている人**なのかもしれません。

テキトーを「適当」にしよう

「完璧主義」から「テキトー」へ。

これが、日本人が変えるべき価値観のひとつであるなら、その変化をもっとも考えるべき分野は「仕事」です。

最近、ワークライフバランスの名のもとに多様な働き方を認める企業が増えてきています。年功序列や終身雇用の保障が崩壊した社会の中で**「人生＞仕事」という人生観では、なかなか幸せにはなれないこ**とに若者は気づきはじめているのです。

世の中は「(物質的に)豊かになるために我慢して働く」時代から「(体験的に)幸せになるために楽しく働く」時代へと変わりはじめています。

団塊の世代からみれば、仕事に対してテキトーな若者が増えてきているように思えるかもしれません。しかし、私はその「テキトー」は「適当」だと思っています。

楽しむことに罪悪感を覚えたり、働きすぎて死んでしまう社会はおかしいのです。有名なCMでのジャパニーズ・ビジネスマンへの問いかけも、バブル時代の「24時間戦えますか?」から「3、4時間戦えますか?」に変わっています。

最近、ユニークな働き方を実践している企業をいくつか挙げてみます。

❶サイボウズ株式会社
「育自分休暇制度」というものがあり、転職や留学など自分を成長させるために退職する人が最長６年間は復帰できる制度です。サイボウズは「２０１５年版『働きがいのある会社』ランキング（従業員１００〜９９９名部門）」で3位に選ばれています。

❷ＣｈａｔＷｏｒｋ株式会社
　この会社には「しないこと14カ条」があり、そのひとつが「会社規模を追求しない」です。規模が大きくなればリスクも大きくなるのでそれを防ぐために「売上上限」があります。上限は14億円です。社員第一主義を掲げており、株主第一にならないよう「株式公開はしない」も14カ条に入っています。

❸株式会社ＣＲＡＺＹ
「社員全員で世界一周」してしまった会社です。「グレートジャーニー

制度」というものがあり、1年に1カ月以上の休暇をとることができます。この制度を利用して社員全員が世界一周に旅立ち、「約束の日、約束の地で会おう」を合言葉に、実際にパタゴニアに集合しました。

❹株式会社ビースタイル

2014年に同社が始めたのは「ゆるい就職」という実験的な就職サービスです。ゆとり世代のワークスタイル革命として「週休4日、月収15万円」という新しい働き方を提案しています。

実際に採用された人の中には、週3日勤務をしながら起業準備をする人や、趣味が音楽で「週休5日、月収10万円」で勤務しながら月に10本以上のライブをしている人もいるそうです。

「ゆるい就職」のプロデューサーである若新雄純さんは言っています。

『ちゃんと休める・自由時間をつくれる』ということは、労働の現実や

窮屈さを知る若者にとって、もはや『新しい報酬』のひとつになりうる」PRESIDENT Online)。

もちろん「ゆるいのは就職の形態であり、仕事そのものはそんなにゆるくありません」とも。

楽しむことは罪ではない。休むことも罪ではない。副業をするのも罪ではない。まずは、そうやって常識を捨てることから始めましょう。私たちはもっと自由に「自分の働き方」を選んでよいのです。

もうひとつ、日本の若者の「テキトーさ」が表れている話題があります。言葉についてです。古い世代は「ゆとり世代」と言われる若者の仕事観だけでなく「言語観」に対してもテキトーだと指摘します。

しかし、様々な識者も述べているように、若者のコミュニケーション能力はそれ以前の世代と比べて「高い」のです。

日本語学者の金田一秀穂さんは、その理由について「言葉への柔軟な態度による」と言っています。

「決められた言葉遣いを必ずしも必要としないのだという、悪く言えば、『いい加減』さは、コミュニケーション能力を伸ばし、物怖じせず、元気に日本語を使いこなしている」（『適当な日本語』（アスキー新書））。

言葉遣いがなっていないのではなく、新しい時代に合う形に進化しているだけなのです。

「ゆとり世代」と揶揄される若者の新しい価値観や習慣は、伝統的に「ゆとり」を大切に生きてきた、世界でいちばん幸せな国フィジーと共通点がたくさんあることをおわかりいただけたでしょうか。

働き方においても、言葉遣いにおいても、何においても**「テキトー」でいい部分は「適当」だと認識を変えて**みましょう。

そうすることで私たちは、古くなり形骸化された理不尽な制約に耐えて生きるのではなく、不要な制約を消していくことでもっと自由に生きることができるはずです。

いいかげんは
良いかげん
テキトーは
適当なんやって

【幸福の習慣③】

現在フォーカス

過去と未来のために
生きることをやめる

もし今日が人生最後の日だとしたら、
今日これからやろうとしていることをやりたいだろうか？

スティーブ・ジョブズ（起業家）

17 お父さんのために20代の息子が仕事をやめる

フィジー人は「今」を大切にします。

やりたいことは「今」やる、やりたくないことはずっとやらない。今やりたいがために、その口実としてフィジー人は「Life is short」という言葉をよく使います。

人生にタイムリミットがあることはだれでも知っていますよね。ただ、日常生活で私たちがそれを意識することはほとんどありません。しかし、フィジー人は「人生は有限」ということを意識レベルにおき、躊躇なく「今」という時間にフォーカスしています。

ある日、用事があり病院へ行きました。そこで、ぎこちない歩き方をしている男性を見かけました。

彼は50歳で、身体的には健康ですが、脳に問題があって立ったり座ったり歩いたりがうまくできないということでした。ちょうど彼の息子がお見舞いに来ていたので、話を聞いてみました。

「お父さん、どうしたの?」**「ヤシの木からココナッツが落ちてきて、オトンの頭を直撃してん。そっから頭がおかしくなってもうたんよ」**「ココナッツが!? ココナッツの下はやっぱり危ないんだね……。毎日、お見舞いに来てるの?」**「うん、毎日。離島のリゾートで働いてたんやけど、介護するために辞めてん」**。

驚きました。その息子さんはまだ23歳。それなのに、すっぱりと仕事を辞めたというのです。

「大変だね。仕事はいつ再開するの?」**「オトンが死んだら仕事探すわ」**「え、死んでから? お父さんはまだ50歳よね? 身体的には健康なんだし、あと15年くらいは生きるでしょ?」**「そうなったら、15年後に仕事を探しはじめたらええねん」**「今、23歳よね? その頃には38歳になるよ。20代、30代はキャリア的にすごい大事な時期だし。ほかの家族に介護を頼めないの?」。

彼の口からは、こんな言葉が返ってきました。

「頼めるで。でも、僕のいちばんやりたいことはオトンの介護やねん。オトンも僕も、もしかしたら今日が人生最後の日かもしれへんやん。それやのに仕事なんかやってたら後悔するやん」。

ピュアでシンプルな言葉にパワーと愛情を感じました。

仕事を辞めても、自分が今もっともやりたいこと（父親の介護）をできている彼は、きっと、死ぬ間際に人生を後悔することはないのでしょうね。

やるかやらへんかは
しぬときに
こうかいするか
どうかで
きめようや

18 泥棒は犯行当日に宴会する

フィジー人の人生は「行き当たりばったり」です。

近所のフィジー人宅へ遊びにいくと、そこの母親が奥の廊下でだれかと電話をしているのが聞こえてきました。フィジー語だったので内容はわかりませんでしたが、時折「ケレケレ」という言葉が聞こえていたので、何かのお願いをしていたのでしょう。なんだかちょっと困り顔です。

気になったので聞いてみました。

「さっきの電話、どうしたんですか？　何か困ってるんですか？」**「そやねん。今朝、教会に寄付したから、お金ないねん」**「え？　じゃあ、寄付しないほうがよかったのでは……」**「アカン。それはやっとかんとな」**。

フィジー人は敬虔なクリスチャンです。

「そうなんですね。そういえば、毎日、ジュースをつくって売っているじゃないですか。あれの売上はどうなんですか?」「あー、あれ? そこそこ売れてるんやけど、ほとんどツケで買われてんねん」「じゃあ、そのツケを回収すればいいじゃないですか」「みんなお金ないからツケで買ってるんやん。だから回収は難しいねん」。「……じゃあ、ツケで売らなければいいのに」と言うのをこらえつつ、少しだけ援助させてもらいました。フィジー人のこういう行き当たりばったり感、男前だと思います。

フィジー人からよく言われる言葉があります。

「先のことは心配すんな」。

たとえば職場だと、こんな時に言われます。2カ月後の繁忙期に備えて、採用活動を教頭と話し合おうとする時。事前に入念な準備をしたい日本人(私)と、なるようになると考えるフィジー人(教頭)。国民性のギャップが大きいので「先のことは心配すんな」と言われてしまいます。

その典型的な例は、泥棒の行動に顕著に表れます。フィジーの警官に「泥棒の見つけ方」を聞きました。

「泥棒は盗んだお金で犯行当日に仲間と打ち上げをやってる。やから、宴会をやっ

ている場所を重点的に探したら、犯人を見つけやすいねん」。

なるほど。捕まるリスクが上がっても、フィジー人の**「今、何をするのか」**の優**先事項は「今、何をしたいのか」で決まる**ということです。

貯金好きの日本人でも「余命3カ月」と宣告されれば貯金なんてしないでしょう。その感覚に近いのかもしれません。「将来が不安な日本人」と「今を楽しむフィジー人」、真逆だからこそおもしろいギャップですね。

19

面接対策をしないフィジー人就活生

ある日「うちの会社で働きたい」と、大学を卒業したばかりのフィジー人男性が面接を受けにきてくれました。

汗びっしょりの彼。遅刻しそうだったので、かなりの距離をダッシュしてきたそうです。計画性はなさそうですが体力はありそうです。

履歴書をみると「特技は日本語」と書いてありました。英語で「日本語が話せるんですね？」と聞くと、自信ありげに笑顔で**「はいっ！」**と気持ちのいい返事。

しかし、日本語で「ちょっと話してみてください」とリクエストしてみると、笑顔のまま時が止まったように何も返事がありませんでした。「あれ？　今の日本語、ちょっと難しかったのかな」と思い、英語に戻して「日本語で何か話してみてください」と伝えると**「コンニチワ！」**と元気のいい返事。しかし、それ以降また時が止まったので「ほかには？」と英語で促すと、照れ笑いしながら**「ナッシング」**と……。

日本人で「ニーハオ」を知っているだけで「特技が中国語」と履歴書に書く人はいないでしょう。私は「シェイシェイ（謝謝）」や「ツァイチェン（再見）」も知っていますが、履歴書には書きません。

彼の大胆不敵さに驚きつつも、気をとりなおして、定番の質問をいくつかしました。

「大学時代に何を学びましたか？」「なぜ弊社を志望したんですか？」「入社後にどう

いう貢献ができますか?」。

彼は、生まれて初めてそんな質問をされたという様子で、質問のたびに**「グッド・クエスチョン」**と言いながら、笑顔でじっくりと考えてくれます。

ありきたりな質問だとは思うのですが、面接の準備を何もしていない彼にとっては「想定外」の質問になります。ただ、彼はその「想定外」を楽しんでいるように見えます。焦っているようにはまったく見えないのです。

彼は熟慮しても答えが出てこない質問に対しては**「あなたはどう思いますか?」**と私になぜか逆質問してきたり、面接というかカフェで友達と会話をエンジョイしているかのようです。「ここで働きたい」という当初の目的は完全に忘れ去られ「今」のワクワクを味わっています。

日本の就活では、企業側と学生側のだまし合いがつねです。

学生たちは面接にいたるまでに、自己分析や業界・企業研究をしたり、いろんなタイプの就活本を乱読したり、エントリーシートや履歴書を何度も書き直したり、マナー講座や面接講座を受講したりと、数カ月、時には1年以上かけて「面接武装」をしていきます。

想定の範囲外の質問をされれば、慌てたりパニックに陥いることも多々あります。しかし、フィジー人はそもそも準備をしてこないので、その場でいきなり慌てる必要もありません。ぶっつけ本番を楽しむだけです。

準備はもちろん大切ですが、そこにこだわりすぎて自由が利かなくなっては、日々の変化を楽しむことはできませんね。

20

過去を責めない切り替え力

フィジー人は過去にとらわれません。

現地の高校の社会科見学に参加させてもらったことがあります。50人乗りの大型バス数台で現地高校生たちと一緒に、見学先の金鉱に向かって出発進行です。バス内では高校生たちが無邪気に大はしゃぎしていました。

「金鉱でゴールドをいっぱい見つけて持って帰るねん」「拾ったゴールドで家建てようや」。

バスに揺られること1時間半、金鉱近くの検問所に着くと見張役の若い男性が私たちのバスを止めました。すると、思いもよらない一言が。

「3カ月前からここは閉鉱になってる。だから中には入られへんで」。

え、閉鉱？　3カ月も前から閉鉱しているのに、なぜだれもリサーチしていないんだろう？　どうなるのかな？　交渉して入れてもらうのかな？　不安に思っていると、バスの最前列に座っていた体育会系の教師が立ち上がり、大きな声で言いました。

「よしっ！　金鉱はやめて、近くの公園に行こう！」。

はぁ？　公園？　なぜこんなに遠くまで来て、普通の公園で遊ばないといけないのか？　みんな怒るだろうな……。心の中でそう思っていましたが、フィジー人は違いました。

だれ1人として不満を口にする高校生はおらず、それどころか、気持ちを一瞬で切り替え、公園でどんな遊びをしようか、すごく楽しそうに話し合っていました。過去の調査不足をどうこう責めるのではなく「今」をどう楽しめるのかにフォーカスを切り替えたのです。

これ、日本人だとなかなかそうはいかないのではないでしょうか？

フィジーのリゾート・レストランで30代前半の日本人夫婦と出会った時のことです。彼らは4泊6日のパッケージツアーで来ていて、帰国前日に話をする機会があったので、フィジー旅行の感想を聞いてみました。

私「今回の旅行はどうでしたか？」妻「いやー、初日から最悪だったんですよ。ホテルの客室のエアコンが壊れてるわ、ドライヤーはないわで」夫「そうなんですよ。すぐにホテル側にクレームを言って、部屋を変えてもらいました。出鼻をくじかれたんで、そのあとも楽しめなくて」妻「最初が肝心だったのに、あれで調子が狂いました。日本に帰ったら、手配業者にクレームするつもりですよ」。

過去にひきずられて「今」を楽しめず、未来にまで影響が出ています。このような悪循環はこの夫婦に限ったものではなく、だれにでも似たような経験はあるのではないでしょうか？

計画が得意な日本人は、過去と今をスパッと切り替えることはできません。しかし、終わってしまったことはもう変えられない事実なのですから、今できることを考えたほうが得策ですよね。そうこうしている間に現在という時間はどんどん過ぎていってしまうのですから。

21 交通事故をコントに変える

フィジー人は「ネガティブ」を「ポジティブ」に切り替えるプロです。

この国を4回も訪れているフィジー・フリークの親友が遭遇した「いかにもフィジー」という事件を紹介します。

夜の8時頃、彼はバス停にいました。バス停前の横断歩道をバス停側に渡ってくるフィジー人男性が見えます。その男性をなんとなく見ていると、1台の車が横断歩道に突進。男性は車を避けようとしますが、間に合わずに車の側面にぶつかってしまい、後方にふっ飛ばされました。

彼がビックリして「えっ、大丈夫か⁉」と思った瞬間、聞こえてきたのはうめき声ではなく**「ヒャヒャヒャヒャヒャッ～！」**。車に飛ばされた男性は愉快そうに笑いはじめたそうです。

「は⁉　何がオモシロイの⁉　頭がおかしくなってしまったのか？」と彼が戸惑っていると、同じようにバスを待っていたほかのフィジー人たち（約15人）も**「ワハハハハッ！」**と笑いはじめたというのです。

再び困惑していると、急停止した車からドライバーが降りてきました。そのドライバーは神妙な表情で被害者の男性に近づいていきます。そして、なんと……笑っている彼の右頬にビンタ一発。そのあとすぐに車に戻り、ビューンと走り去ってしまいました。

「ドライバーのほうが悪いはずなのに、なぜ？」と彼は混乱するも、フィジー人たちはまた**「ワハハハハハッ！」**と爆笑。何も悪いことをしていないのにビンタまでされた男性も**「ヒャヒャヒャヒャヒャヒャッ！」**と笑い続ける……。

この話を親友から聞いて「事実は小説よりも奇なり」とはこのことだと思いまし

た。どうやらフィジー人は事故を「ショートコント」に切り替えることができるようです。今回のコントの配役は、被害者とドライバーのWボケ。バス停は客席で、バス待ちのフィジー人たちは観客だったようです。

ほかにも、海外から観光で来ていたファミリーの父親が海で溺れて亡くなったことがありました。家族旅行を計画した時からずっと楽しみにしていたはずのフィジー。それなのに、その旅行先で一家の大黒柱を失ってしまったご遺族は本当につらかったと思います。そんな悲しいニュースを知った私も、想像するだけで心が締めつけられる思いでした。

事故から約1週間後、そのリゾートで働いている40代の男性スタッフに街でたまたま会いました。熊のように大きくて、のんびりした雰囲気の彼と事故について話していた時、彼はこんなことを言い放ちました。

「あんなキレイな海で亡くなったんやから、お父さん幸せ者やと思うで」。

人が亡くなったのに、幸せ。なんという発想なのでしょう……。私は今回の事故について、ただただ悲劇としてしか解釈していませんでした。しかし、彼は「人の死」さえもポジティブに解釈してみせました。私にはまったくできない発想です。

人が「今」に集中できないのは「過去への後悔」や「未来への不安」があるから

です。フィジー人のように、今をネガティブなものからポジティブなものへ変えることができれば、後悔や不安は減らせます。

クヨクヨせんとこ
こうかいも
ふあんも
いまのやくには
たたへんで

22

不謹慎でもお構いなし

フィジー人の「悲劇を喜劇に」する力はとどまることを知りません。

ある夜の８時頃、ジムのランニング・マシーンで汗を流していました。私のほかには、筋骨隆々のフィジー人男性２人と、さらにボディ・ビルダーみたいなフィジー人インストラクターが１人。

突然、ジム内に**「あっ！」**という悲鳴が響きました。

うしろを振り返ると、筋骨隆々のフィジー人男性の１人が苦悶の表情で床に座りこみ、左足の先を手で押さえています。みなが彼の元に駆け寄り、左足の先を見てみると、血で赤く染まっています。親指の爪も割れています。どうやら鉄アレイを左足に落としてしまったようです。

私はとっさに、インストラクターに「車があるので、病院に連れていきますね」と言うと、彼は**「ちょっと待ってな」**と言いながら、消毒液を持ってきました。そして、脱脂綿に液を染みこませて患部を消毒するのかと思いきや……。インストラクターは自分の足の指に脱脂綿をあてはじめました。

「……ん？」。意味が理解できず、呆気にとられていると、怪我をしていないほうのフィジー人が「イヒヒヒヒッ」と笑いはじめました。インストラクターも半笑いで私を見てきます。そこで私はようやく気づきました。それが彼のジョークだったことに……。

さらにインストラクターは消毒液が入った小瓶を手に持ち、飲むフリをはじめました。さっきのジョークで私が笑わなかったからか、よりわかりやすいジョークを仕掛けてきました……。

私は心から呆れ果て、インストラクターの代わりに消毒してあげようと思って怪我人を見ると、驚くべき光景が。

怪我人も痛みをこらえながら苦しそうに笑っていました。足先を血に染めながら、インストラクターのくだらないジョークにウケていたのです（アホらしい……）。

日本のスポーツクラブでインストラクターがこんなことをしていたら、即刻クビでしょう。不謹慎すぎます。しかし、フィジーではこの光景は喜劇として成立します。フィジー人は悲劇を喜劇に変える力を持っているのです。

しかし、日本だとこれは難しそうです。なぜか？　日本人なら、まず「今は笑っていいかのかどうか」空気を読むでしょう。おもしろいから笑う、という単純な反応ではないのです。その理由は、まわりから「不謹慎なやつ」と思われたくないからです。憲法で保障されている「表現の自由」が、社会的な「同調圧力」に負けていたりするわけです。

空気を読んで行動するから、変な間が生まれてリズムが悪くなる。そんな状態が減っていけば「今」をもっと瞬間的な躍動感のある楽しいものにできるのではないでしょうか。

「変なやつ」と認定されたほうが、人からの評価を気にするステージから開放されて、本当はラクチンなのかもしれません。本人が思っているほど、だれもあなたのことを気にしてはいません。

自意識過剰からの脱却が、日本人が表現の自由を取り戻すために必要なのかもしれませんね。

23

健康になるために生きているわけじゃない

フィジー人の多くは太っています。

アメリカの非営利公共慈善団体「ProCon.org」のデータ（調査対象は世界88カ国）によると、フィジーは世界16位の肥満国家です。やせ型のインド人が国民の約4割を占めているのに、これだけ上位。フィジー人だけの国であればトップ10入りはするでしょう。

BMI30以上の人口割合を見てみると肥満トップ5の国々は、1位ナウル（78・5％）、2位米領サモア（74・6％）、3位トケラウ（63・4％）、4位トンガ（56・0％）、5位キリバス（50・6％）。5カ国とも南太平洋に位置するフィジーのご近所さんたちです。ちなみに日本は81位（3・1％）で、世界有数のやせ型国家ですね。

フィジーでは糖尿病が社会問題化しており、人口10万人あたりの糖尿病による死亡数は、世界2位です。国際統計格付センターのデータによると、世界172カ国が対象で、日本はさすがの168位。

フィジーでは糖尿病の恐怖を国民に視覚的に理解させるために、保健省がテレビCMをつくっています。このCM、何種類かありますが、どのパターンも構成は同じです。

まず、糖尿病で苦しんで入院している本物の患者さんが毎回1人登場します。糖尿病になった結果、腎臓を壊した人、眼が見えなくなった人、足の指を全部切断した人など。彼らにはそれぞれ、こんなセリフがあります。

「こうなる前に、もっと運動しておけば、息子ともっと買物に行けたのに……」

「こうなる前に、定期健診を受けておけば、孫の笑顔がもっと見れたのに……」

「こうなる前に、野菜と果物をもっと食べておけば、家族との時間をもっと過ごせたのに……」。

そのセリフにかぶせる形で、家族だんらんの幸せそうな映像が流れます。視聴者の感情に訴えかける戦略。ただ、残念なところは患者のセリフが棒読みすぎて糖尿病の深刻さがまったく伝わってこないというところです……。それにくわえて、CMの締めくくりは、子どもたちが叫ぶ「You Can Do It!」。これも陽気すぎて、危機感が視聴者に伝わりません。

CMのクオリティはともかく、このまま糖尿病の患者が増えると、国が負担する医療費も増大してしまうので、政府も対策に必死です。それでも、改善の兆しはなかなか見えてきません。理由はいろいろあります。

まず、フィジー人の食生活です。炭水化物の摂取率が非常に高いのです。主食はキャッサバやタロイモなどのイモ類。それにくわえて米やヌードルも食べます。次に、肥満に寛容な文化であることも影響しています。そもそもフィジー人は、体質的に太りやすいのです。

それに、太っているほうが男性は「頼りがいがある」、女性は「セクシー」に見られる傾向も強い。あるテレビ番組の企画で「森三中の写真集は、ぽっちゃり女性がモテるというフィジーで売れるのか?」というのがあり、実際に売れたようです。

しかし、これら以上に大きい理由があります。

それは「今」を楽しむことを重視しているフィジー人が「将来なるかもしれない糖尿病」なんて気にするはずがないということです。

フィジー人は、食べたい時に食べたいだけ食べたい。間食もいっぱいしたい。満腹になったらすぐに寝たい。糖分たっぷりの飲み物をガブ飲みしたい。ダイエットコーラなんか飲みたくない。健康のために苦しい運動とかしたくない。口癖は「We Love Food」なのです。

それで体を壊して死ぬことになったとしても「神様が決めたタイミングなので仕方なし」という発想です。ですので、日本のように健康オタクな国はフィジー人には理解できません。

日本人は、バランスボールに乗りながらテレビを見ます。ただ散歩するのではなく、万歩計で歩数を計測しながら「ウォーキング」します。「まずい！　もう一杯」と言いながら青汁を飲みます。日本の雑誌には、ダイエット関連の記事があふれています。「吐くだけダイエット」「計るだけダイエット」「食べる順番ダイエット」などなど、多種多彩な方法が紹介されています。

そんな日本の状況を同僚のフィジー人女性3人に伝えてみると、こんなコメントが返ってきました。

「そんなに健康のことばっかり考えてて楽しいの？」「そこまでして長生きしたくないわ」「日本人はみんな、やせてる。だから、ダイエットが強制なのね。かわいそうに。私らはフィジー人で助かったわ」。

最後に、同僚の1人がこう言いました。

「健康になるために生きてるわけじゃないのにね」。

ハッとさせられました。確かにそうです。健康は「生きる目的」ではありません。やりたいことを実現するための「手段」でしかないのです。夢ありきの健康志向でなければ、健康である価値とは何なのでしょうか。

フィジー人のように、目的が「美味しいものを死ぬほど食べること」の場合、手段として重要なのは必ずしも「健康」ではないです。手段は「広大な畑を持つこと」だったり「ご馳走してくれる友達をたくさんつくること」です。「健康」という幸福の普遍的な要素とも思えるものですら疑ってみるフィジー人はさすがです。

日本は世界一の長寿国です。もちろんそれは誇らしいことですが、長寿はあくまで「目的」ではなく「手段」のはずです。私たちは**安全に死ぬために生きているわ**

けではないのですから。

「正しい目的」を見つけることが「今」をムダにせず効果的に活用するための鍵になるのです。

ほんまのはなし、
アンタは
なんのために
いきてるんやろ？

結論

なぜ「現在フォーカス」すれば幸せになれるのか？

フィジー人は過去を省みず、未来を不安に思わず、今を楽しんで生きています。なぜ、彼らが「今」にフォーカスできるのか？　その理由は以下の3つだと考えます。

❶「反省する」という習慣がない

日本では、学生の時代から「反省文」という習慣が存在します。それは社会人になると「始末書」という恐ろしい響きの書類になります。失敗した時には、その原因と再発防止策を考えます。反対にうまくいった場合でも、さらに良くするためにはどうすればいいか考えます。「KAIZEN（改善）」という言葉は、もはや国際語になりました。

しかし、フィジーにはそういう習慣はありません。罰として掃除や草むしりがあるだけです。仕事で失敗しても、他人のせいにしたり、言い訳したり、神様の思し召しにしたりして終わり。失敗の原因を分析することは稀です。

結果、もちろん同じ失敗を繰り返します。それでも、国民性が「自分にゆるく、他人にもゆるい」ので許されます。そうなると、もはや反省する機会は生まれません。

❷「準備・計画をキチンとする」習慣がない

日本では「準備8割」という言葉に代表されるように、失敗しないよう入念に準備・計画することが良しとされています。それが当たり前なので、準備せずに失敗すると、非難される度合いが高まります。なので、余計に準備します。

フィジーではそういう風潮はありません。「ぶっつけ本番」「行き当たりばったり」が普通です。準備・計画する時は通常「未来」をイメージしますよね。準備・計画が重要ではないフィジー社会では、未来を想像する機会が少ないのです。しかも、フィジーは失敗に寛容な社会なので、準備をしなくても不安はありません。だから「今」にフォーカスできるのです。

準備をしていないので、本番は想定外のことがたくさん起きます。想定外の面積が想定内の面積よりも非常に大きい。つねに想定外のことが起きるので、フィジー人は想定外（ハプニング）慣れしています。だからこそ、今起きているハプニングを楽しむ余裕があるのです。

逆に日本人は想定内の面積が広いため、ハプニングが起きると、慌ててしまい、臨機応変に対処できず、楽しむことができないのかもしれません。

❸「Ｔａｌｋ＆Ｌａｕｇｈ」

フィジーは失敗に寛容な社会ではありますが、当然、叱られることもあります。そして、落ち込むこともあります。ただ、その落ち込む期間を「最短にするスキル」を持っています。それが「Talk & Laugh」です。

叱られたことをネタにして、その日のうちに友達と笑い合います。笑って終わり。次の日に引きずることもありません。むしろ笑い合ったことで、楽しい思い出として記憶に刻まれているくらいです。

このスキルをフィジー人は日々、磨き続けています。フィジー人に趣味を尋ねると、多くの人が「人と話すこと」と答えます。日本人で同じ答えを言う人はほとんどいないと思います。フィジーは日本のように娯楽が豊富なわけではありません。ですので、人と話して爆笑するのが最大の娯楽なのです。

フィジーはどこもかしこも「Talk & Laugh」。「会話と笑い」で世の中が満たされた状態、これこそ「Love & Peace」なのかもしれません。

これらがフィジー人が「今」にフォーカスできる理由です。では、なぜ「今」にフォーカスすることは幸せにつながるのでしょうか?

過去を振り返ると後悔の念に駆られ、未来を予測すると不安の念を抱く、そんなことはだれしも経験があるでしょう。

オランダの哲学者スピノザは言いました。

「後悔することもまた罪である」。

哲学者のアランもまた、言いました。

「不安とは無意味な動揺である」。

そうです。**悩みの多くは「今」にはなく、過去と未来にあります。**

「今」にフォーカスすれば、悩みのほとんどは消えてくれるのです。

禅の世界では、過去も未来も存在せず「今」しかありません。若い頃から禅を熱心に学んでいたというスティーブ・ジョブズの伝説のスピーチがあります。1度は聞いたことがあるという人も多いのではないでしょうか。

「もし今日が人生最後の日だとしたら、今日これからやろうとしていることをやりたいだろうか？『違う』という答えが何日も続くようなら、生き方を見直せということ」。

このスピーチは、瞬く間に世界中に拡散され、多くの人に「生き方」をあらためて考えるきっかけを与えました。

ほかにも、ジョブズが社員によく言っていた言葉に「The journey is the reward（旅そのものが報酬である）」という言葉があります。未来のゴール（結果）ではなく、現在のプロセスに価値をおく考え方です。目的地までの道中「今ここ」を楽しもうというメッセージです。

アランは、著書『幸福論』で続けます。

「過去と未来が存在するのは、人がそれについて考える時だけ。つまり、

両方とも印象であり、実体がない。それなのに私たちは、過去に対する後悔と未来に対する不安をわざわざつくりだしているのである」。

「定年したら何をしたいですか?」というアンケートの回答でよくあるのが「夫婦で海外旅行」や「新しい趣味を始める」「地域でボランティア」などです。こういうものを見るたびに思うのは「なぜ今やらないの?」です。楽しみを先送りにする必要が本当にあるのでしょうか?

このような楽しみを先送りする癖は「今」より「未来」を重視する考え方からきています。しかし「今＜未来」という優先順位で考えていると、いつまでたっても「今」が大切にされる瞬間は訪れません。

逆に「今＞未来」なら「今」も「未来」も大切にすることになります。なぜなら「未来」はいつか「今」になるからです。

未来とは、今の積み重ねでしかないのですから。

過去と未来のために生きることをやめる

では、「現在フォーカス」という習慣を身につけるために、私たちができることとはなんでしょうか？

最近、ミニマリスト（最小限主義）と呼ばれる人たちが、特に若い人たちの間で増えてきました。自分の持ち物を必要最小限に減らし、シンプルな暮らしをする人のことです。

「買って増やす」から「捨てて減らす」へ。この変化こそが暮らしに様々な「ゆとり」をつくり出し、現在にフォーカスする余裕を生みます。

⇦まず、モノを買う量が減ると買い物の時間が減ります。
⇦服も減るので何を着るのか迷う時間も減ります。
⇦本当に必要なモノしか買わないので広告に踊らされる時間も減ります。

⇦モノが少ないので必要なモノを探す時間が減ります。
⇦つまり「時間」のゆとりが生まれます。

この時間のゆとりが与えてくれるのは「自分の人生にとって、今、本当に大切なことを考える機会」です。

執筆家の四角大輔さん（ミニマリストとしても有名）は、お金から自由になるために「ミニマム・ライフコスト」という発想を持つことを提唱しています。

「1年間生活する上で、最低限必要なランニングコストはいくらか。自分1人、または家族が健康的な食事をして、快適に眠る場所を確保する。そのためだけにいくらあればいいのか。それさえ把握しておけば、ここぞというときに思いっ切り攻めることができる。『どうなっても、生きていける』ことを確信した瞬間、人はお金から自由になれる」。

生きるためのコストはそんなに高いはずはありません。フィジー人はコストをかけずに世界一幸せを感じています。「幸福のコスパ」は最強です。

多ければ多いほどいいとお金を稼ぎ、稼ぐほどに肥大化する物欲や名誉欲を満たすため、モノを増やし、出世や肩書きを求める……。ミニマリストはそういう生き方に憧れることはありません。

そうしてミニマリストは、モノを捨てるだけではなく、最終的には自分を幸せにすることのない、**世間体のために時間を費やしていた行動も捨てます。**

たとえば、

○オシャレだと思われたいから、邦楽が好きなのに洋楽のＣＤを集める。
○貧乏だと思われたくないから、ブランドのバッグを買う。
○バカだと思われたくないから、経済新聞を読む。
○変わった人だと思われたくないから、そんな理由で結婚する。

○逆に、離婚したいのにしない。

もちろん、どの行動も本当に好きなのであれば素晴らしいことです。しかし、あなたは今、本当に必要なだけのお金を稼ぎ、残った時間を本当に自分が大切にしたいことにあてることができているでしょうか？

東日本大震災以降、多くの人が「人生は有限である」という事実を強く意識するようになりました。いつ終わりが来ても悔いのないよう「今」を生きるのだと。

その変化は特に若者の間では顕著で、モノやお金のために投資していた時間を「経験」や「人のため」に投資するようになってきています。

「モノよりも経験を買うほうが幸福感を得やすい」ことや「ボランティア活動は幸福感を高める」ことは、幸福学ではもはや常識になっています。経験はモノやお金と違って比較できないので、人と比べることもなくなります。

『ぼくたちに、もうモノは必要ない』（ワニブックス）の著者であり、ミニマリストの佐々木典士さんはこう言っています。

「モノを持たないぼくには、ゆったりした時間がある。毎日の生活を楽しめ、生きているだけでも充分という気がする。人とはもう比べないので、みじめな気持ちにはならない。人の目線が気にならないので思いきって行動ができる。（中略）そして今、ここをしっかりと感じる。もはや過去のトラウマに縛られることも、将来の不安に怯えることもない。そして何よりぼくが変われたのは、モノを減らして気づけた「感謝」である。すべての「今」に感謝し続けたい。すべての「今」を肯定的に見続けたい」。

一部の中高年がミニマリストを「貧乏くさい」「負け組だ」と鼻で笑っているのを横目に、若者は幸せへの最短経路を着実に歩みだしているのです。

作家の中谷彰宏さんはこう言っています。

「20世紀まではお金で差がついて、富裕層と貧困層に分かれていました。21世紀の情報化社会においては、時間がある人と時間がない人に分かれるのです」（『一流の時間の使い方（リベラル社）』）。

世の中は「お金やモノを増やせば増やすほど幸せ」という物質主義的な価値観から「時間を大事なことに使えば使うほど幸せ」という体験主義的な価値観にシフトしています。

一度きりの人生、有限な時間を何に使うのか？

「今」を犠牲にするのはもうやめましょう。自分は今、限りある時間をどのように使っているのかを見直し、**これからの人生の時間割**を立てていきましょう。

【幸福の習慣④】

つながり

21世紀の「つながり幸福論」を
手にしよう

幸福は、人から人へと伝染する

ニコラス・クリスタキス（医師）

24

光速で友達になるフィジー人

フィジー人は「世界一フレンドリーな国民」と言われています。

もっとも、フレンドリーと見るか、馴れなれしいと見るか、その感じ方は人それぞれですが、彼らは距離感を詰めるスピードがとにかくすごいのです。

日本は真逆でしょう。

普段は超過密スケジュールの高速ライフ。通勤電車で寝る必要があるほど睡眠時間が足りず、下車すればエスカレーターをダッシュで駆け上がる。会社に着けばその日が期日の仕事が山積み。当たり前のようにサービス残業をして、終電帰り。また寝不足の中、日が昇ります。

日本国民が多忙を極めているせいか、企業のサービスは徹底的にスピード至上主義の進化を遂げました。マクドナルドに行けば注文してから60秒以内に、吉野家であれば30秒程度で配給されます。ネットスーパーで食材を注文すれば数時間で配達されます。

そんな**「国民総スピード狂な日本人」**ですが、人間関係の構築となると、人見知り的な性格もあって一気にスピードが落ちますよね。

まだフィジーに来て間もない頃、スーパーでレジへ精算にいくとレジ係のお姉さんが話しかけてきました。

「どっから来たん？」「日本です」**「結婚してんの？」**。

初対面のレジのお姉さんが二言目に「結婚してんの？」と質問してくるのは驚きです。戸惑いながらも会話を続けます。

「まだです」**「いくつなん？」**「31歳です」**「31歳で独身なん？　かわいそうに……。フィジー人とインド人、どっちが好きなん？」**「うーん、フィジー人かな」**「だれか紹介したろか？　私は結婚してるから無理やけど（笑）」**。

初対面の人に「かわいそうに」と言われます。他人のプライバシーに躊躇なく土足で踏みこんできます。

スローな会計を済ませて外に出ると、今度は赤ん坊を胸に抱いた50代くらいのフィジー人のおばさんと目が合いました。その瞬間です。

「この子、私の孫やねん。めっちゃかわいいやろー」。

突然おばさんが話しかけてきました。「そうで……」と私が相槌を打つ前に、今度はおばさんと一緒にいた親戚らしき女性3人が同時多発的に話しかけてきます。**おばちゃんA「目がパッチリやろ」おばちゃんB「お父ちゃんには、なぜか似てへんねん」おばちゃんC「抱いてみる?」。**

初対面でも十年来の友人かのように第一声からトップギアで絡んでくるのがフィジー人です。

南国フィジー。普段はイメージどおりスローなリズムが流れ、ゆったりしています。しかし、人との距離を詰めるスピードだけは光速なのです。

1人の人との出会いで、人生が劇的に変わる。そのような体験をあなたも1度は経験されたことがあるでしょう。

ビッグ・チャンスを逃さないためには、フィジー人のような光速のフレンドリー精神を磨いたほうがいいかもしれません。では、どのようにそのフレンドリー精神を磨けばいいか学んでいきましょう。

25

個室トイレの壁越しでも話しかけられる

ある日の夜、空港オフィスで残業中にトイレに行くと、節電目的なのか、オフィスとトイレをつなぐ廊下の電気が消えていました。

気にせず個室で用を足していると、だれかが携帯で話しながらトイレに入ってきました。フィジー語を話していたので、どうやらフィジー人です。電話を切りながら隣の個室に入っていく音が聞こえます。

それから、彼が個室の鍵をかけて、ズボンを下ろして、便座に座って、用を足す準備が整った気配をなんとなく感じていると、突然、彼が低い声でこうつぶやきました。

「廊下、暗いから怖いな」。

私は「あれ？　まだ電話を切ってなかったの？」と思いました。そして沈黙が5

秒くらい続いた後、彼が再びつぶやきました。

「ハロー」「……ん？　もしかして僕に話しかけてますか？」「**そうやで。ほかにだれもおらんやん**」「そ、そうですね……。廊下が暗いのは節電じゃないですかね？」「**それやったら、ええことやな**」。

　しかし、僕の頭は停電のことより、今のこの状況のほうが気になって仕方ありません。

「というか、こうやって個室トイレの壁越しに話しかけるってフィジーだとアリなんですか？　僕は日本人なんですけど、ナシですよ」「**ん？　アリかナシかとか考えたことないわ**」。

　フィジー人の初対面でも打ちとける光の速さは知っていましたが、対面すらしていなくてもここまで力を発揮できることに、私はあらためて感動しました。この突破力、ステキです。

　同じ経験を私はもう1回しています。トイレの個室で「あー、頭いたい……」と独り言を小さくつぶやきました。日本語です。すると、となりの個室から野太いフィジー人の声が返ってきました。

「なんて？」「！！！　あ、すみません。ただの独り言です。『頭いたい』って」「**そうなんや。オフィスに戻ったらパナドール（鎮痛剤）あるから持ってこよか？**」「えっ？　あ、大丈夫です。僕も頭痛薬を持っていますから。お心遣いありがとうございます」。

日本では起こりえないことだと思いますが、トイレを去りながら、なぜか「フィジーを選んで正解だった」と心から思ったのを覚えています。

日本には「便所飯」という言葉がありますね。「大学や職場で一緒に食事をする友達がいないことを恥ずかしく感じ、個室トイレで食事すること」。

個室トイレはだれにも邪魔されない空間だから安心。しかし、**フィジーだとそんな聖域ですら、安全地帯とは限らない**わけです。

ところで、なぜ日本では「便所飯」なんて現象が起きるのでしょうか？

「人と違う」ことを日本人は恐れます。そして「みなと同じ」に安心します。同じであるためには、みなと意見を合わせる必要があるので、異様なほどに周囲の目が気になります。本音もなかなか言えません。個性も奪われていきます。

そうまでしても集団にうまく溶けこめなかった人が便所飯をしたり、家に引きこもったりしているのです。空気の読めないことを少し言えば「コミュ障？」と言われ、自己主張が少し強ければ「帰国子女？」と思われ、アニメの話を少しすれば「オタク」だと気持ち悪がられ……。

そもそも、なぜ「人と違う」ことがだめなのでしょう。人と違うことは単純におもしろいことだと思うのですが……。

『幸福途上国ニッポン』（アスペクト）の著者である目崎雅昭さんは「個人への寛容さ」が幸福度と非常に高い相関関係を持つ」と言っています。違いを認め合えば認め合うほど幸福度は上がるということです。日本人の幸福度が低い原因は、この不寛容さにもあるのでしょう。そもそも**人と違って、損なことなどいったい何があるのでしょうか？**

自分と相手との違いを当たり前に思えるだけで、人との距離はグンと縮まるはずです。

それに本来、異質なモノに触れた時に持つ違和感は人の成長を促進させてくれる肥料みたいなもの。吸収せずに放棄するのはもったいないですね。

ヒトと
ちがっても
ええやんか

26

間違い電話の相手とも長話

フィジーを舞台に書かれた小説『真夏の島に咲く花は』（垣根涼介・著）にこのような文章があります。

「携帯の小さなプッシュボタンは、指の太いフィジー人には適さないのだ。すぐにボタンを押し誤って間違い電話をかける。3回に1回はそうなる。それだけならまだしも、間違えた相手としばしばどうでもいい長話をする。ただでさえ嵩《かさ》んでいる通話料金がさらに嵩《かさ》み、支払いが出来なくなって通話を止められる」。

これは小説なので当然フィクションです。

しかし、間違い電話の相手と長話することはフィジー人なら本当にありそうだと思ったので、知り合いのフィジー人20人を対象にヒアリング調査をやってみました。

結果、経験ありが４人（２割）もいました。話を聞くと共通した理由がありました。それは、間違い電話をすぐ切るのは失礼だという価値観です。

フィジー人は道端で知り合いに会うと、原則、立ち話をします。街も小さく知り合いも多いので、少し歩くとすぐ知り合いに会ってしまいます。そのたびに立ち話をします。ですので、フィジー人は外出の目的を達成するのに時間がかかります。

フィジー人は一緒に時間を共有することに価値をおいているので、挨拶だけしてすれ違うのは、少し失礼に感じるようです。間違い電話で知らない相手が対象でも、その習慣が出てしまいます。「Sorry」と謝るだけで電話を切ることになにか違和感を覚えるのです。

私のテニス仲間に30代後半のさわやかなフィジー人男性がいます。彼が過去に間違い電話を受けた時の会話を再現してくれました。

相手「あ、ごめん。間違えたみたいやわ」男性「そうなんや。どこから電話してんの?」相手「○○島からやで」男性「そうなん!?　俺も○○島出身やで。どのへん?」相手「××辺りやで」男性「おー、あのへんか。俺の親友もそこに住んでるで。中国人経営のちっちゃいショップ前にある赤い屋根の家に住んでるで。

チョナザニ君って知ってる?」男性「おー! チョナザニは義理の弟やで」。

こんな感じです。ターニング・ポイントは、**間違い電話なのに「どこから電話してんの?」と質問したところ**ですね。日本人は、間違い電話の相手に絶対にそんな質問はしないでしょう。

フィジー人は間違い電話の相手との会話をストレスなくエンジョイできます。さすが「特技は雑談」なフィジー人。フレンドリー力が極上です。

ただ、唯一の問題は電話料金です。フィジー人のほとんどはプリペイド式の携帯を使っています。ただでさえ残高がいつも少ないのに、間違い電話の相手と長話をしていると残高がすぐにゼロになってしまいます。

実際、残高ゼロで受信専用の携帯になっているフィジー人は多く、私の周りでもこんなふうに嘆いている人が何人かいます。

「タイプの女性と知り合って、携帯番号をゲットしたで! でも、俺の携帯、残高ゼロ。だから、デートに誘う電話もできひん……」。

現実は残酷なものですね……。

そこで、そんな残高ゼロ携帯を持つフィジー人を救う携帯サービスがフィジーにはいくつか生まれています。

たとえば、残高ゼロでも電話したい相手に「コールバック待ち」のメッセージを送りつけるサービス。方法は「＊444＊（相手の電話番号）＃」のあとに発信ボタンをプッシュするだけ。あとは、相手が電話してくれるのを信じて待つのみ。

ほかにも、プリペイド携帯なのに3F$を前借りできるサービスがあります。前借分は次にチャージする時3F$10¢を支払うと清算できます。携帯会社もいろいろ考えていますね。

逆に、日本人はお金はあっても、間違い電話の相手と長電話なんて絶対にしません。もし私が日本で間違い電話をして会話を広げようとすれば、どうなるのでしょう？　当然、すぐに切られるでしょう。では、なぜ相手は切りたがるのでしょうか？理由のトップ3は「怪しいから」「時間がないから」「必要がないから」です。

裏を返せば、フィジー人がすぐに切らない理由は「怪しいと思わない（ガードがゆるい）から」「時間がたくさんあるから」「必要性の有無で判断しないから」なのではないでしょうか。

ただ、忙しい私たちにはとても真似できそうにはないですね……（苦笑）。

27 牧師が本当の神様のようにいい人

フィジー人のほとんどはキリスト教徒です。彼らの多くは、毎週日曜日になると聖書持参で教会に行っています。

私はキリスト教徒ではないですが、たまに教会に行きます。教会に行くと、なぜか人に親切をしたくなります。日常の小さなことにも感謝したくなります。牧師さんの説教を聞きながら、自分の人生を振り返り、頭の中を整理できたりもします。だから、教会に行くのは好きです。

ある日、高校でキリスト教の授業を担当している牧師さんと出会いました。なんと、この牧師さんは自分の携帯番号をみなに公開しています。コンビニのように年中無休（24時間365日）、だれからの電話でも対応。ですので、真夜中の2時や3時でも救いを必要とする人が電話をしてきます。

たとえば、ある母親。

「息子が車で事故に遭ってもうて、今、病院で手術中やねん。牧師さん、電話で祈ってくれませんか?」。

若い女の子だと、こんな電話も。

「オトンが悪魔に取り憑かれたみたいに震えてるねん。牧師さん、何とかなりませんか?」。

主婦であれば、こんな感じ。

「旦那の浮気が発覚して、さっき大喧嘩して家を出てもうてん。どうしたらいいですか?」。

救い(?)を求める緊急(?)電話に対して、牧師さんは祈ったり、アドバイスしたりします。深夜で眠たい時でも1件ずつ丁寧に。もちろん無料です。携帯の残高がない人から連絡を受けた時は、牧師さんからコールバック。訪問の必要がある時はタクシー代を払います。無料どころか赤字です。

私は思わず尋ねました。

「たまに電話を無視したくならないんですか?」「ならへんよ(笑)。私は使命を果たしてるだけ。むしろ、その機会を与えてもらえて感謝してるんよ」。

まさに神様みたいな人……。

この牧師さんだけが特別なのかというと、そんなことはありません。私がいつも行く教会の牧師さんも番号を配っています。ある牧師さんはラジオでの説教後、公共の電波まで使って自分の携帯番号を発表していました。

さらに、電話なんかしなくても教会に行けば、牧師さんがいつでも相談にのってくれます（チャーチ・カウンセリング）。これも無料です。

「牧師」という存在は、フィジー人にとって絶大な信頼をおく「メンター」です。神様とつながっている存在だからです。そんなメンターが自分の人生にいつも伴走してくれている。それに勝る安心感はないでしょう。

日本にはキリスト教徒は少ないので、牧師さんに相談するという経験がある方はほとんどいないでしょう。それ以前に、人間関係が希薄になっていると言われる日本で、悩みを聞いてもらう友人すらいない人もいます。

ある国際調査によると「友人、同僚、その他」との交流が「まったくない」もしくは「ほとんどない」と回答した人の割合が日本は15・3％で、20カ国中1位でした（OECD、2005年）。

また、2007年にユニセフが発表した「孤独を感じる子ども（15歳）の割合」というデータでは、24カ国中、日本の子どもがもっとも孤独を感じていることがわかりました。

驚愕なのは、そのダントツっぷりです。平均値が7・4％なのに対し、日本は29・8％です。2位のアイスランドですら10・3％ですから、日本の子どもはその約3倍も孤独だということです。

さて、子どもも大人も忙しく、時間のない日本。悩みを聞いてもらう相手がいない人はどうしているのでしょうか？

たとえば「話し相手サービス」というものがあります。民間業者の営利サービスです。電話口の相談員に愚痴や悩みを聞いてもらえます。料金は10分1000円が相場です。

ほかにも「いのちの電話」があります。これは無料のサービスで、相談件数は年間約76万件（2013年）。全国各地に相談員が約7000人以上。自殺を考えるほどの深い悩みを抱えつつも、だれにも相談できない孤独な人たちを救ってくれています。

もちろん「話し相手サービス」や「いのちの電話」に相談するのは悪いことではありません。知人には知られたくないこともあるでしょうし、その場合、赤の他人のほうが相談しやすいでしょう。

しかし、何でもかんでも赤の他人に相談し、家族や友達に何も相談できないという現状は問題です。

私たちは「人様に迷惑をかけてはいけない」精神が強すぎるのでしょう。相談や依頼をするのが苦手です。何でも自分1人で解決しようとします。

しかし、**本当はもうちょっと甘えてもいい**のです。実際、あなたがだれかから相談や依頼をされたらうれしくないですか？

相談されるということは、自分の存在価値を確認できる機会でもあります。しかも何かを依頼された側は、お互いさまということで、次にこちらから依頼しやすくなります。つまり、**強い「つながり」を紡ぎたければ、人様にもっと迷惑をかけたほうがいい**とも言えるのです。それが相手にとって迷惑であるという思い込みは、捨ててしまって。

悩みを共有することで、つらさが軽減され前向きになれます。さらに、相談すればするほど相手との絆も深まるという好循環が生まれていきます。人は弱いのです。だからつながるのです。

社会活動家で法政大学教授の湯浅誠さんは言います。

「貧困とは、お金だけでなく、頼れる人間関係もなく、精神的にも疲弊し、自信を失い、自分の尊厳を守れなくなってしまう状態」。

フィジー人はお金はありませんが、人間関係は豊かです。貧乏だけど貧困ではない。脚本家の倉本聰さんの言葉を借りれば「貧幸」。貧しくても幸せなのです。

もうちょっと
あまえてみても
エエんちゃう？

28

老人ホームにフィジー人が全然いない

フィジーでは、シルバー世代のことを「ゴールデンエイジ」と呼びます。まるでサッカー日本代表のようですね。

これは決して冗談ではなく、フィジー第二の都市ラウトカにある老人ホームの入口には大きな看板があり「The Golden Age Home」と書かれています。人生最期の日まで大笑いしながら生きるフィジー人にふさわしい表現ですね。

この老人ホームは国が運営・管理をしていて、入居資格は「60歳以上」「1人で生活するのが困難」「介護してくれる人がいない」などなどです。審査にとおれば無料で入居できます。

老人ホームの中に入って驚いたのが、入居者の9割以上がインド人ということでした。国民の民族構成はフィジー人のほうが多く、フィジー人が6割弱に対してインド人が4割弱なのにもかかわらずです。

その理由をインド人の管理人に尋ねてみると、こう答えてくれました。

「フィジー人の場合、老人ホームは必要ないねん。ここに来なくても、とにかくだれかが助けてくれるからな。家族、親戚、同じ村の人、友達、友達の友達、赤の他人でも助けてくれるやろ。もちろん、インド人に助け合う習慣がないわけじゃないで。けど、フィジー人と比べたら、そりゃ少ない。フィジー人は、みんなが介護士みたいなもんやからな」。

なるほど。ここでもフィジー人の「つながり」の力を感じます。

日本は介護士が不足しています。その上、介護士の離職率も高い。理由は給料が安い、高齢者のわがままに耐えられない、下の世話がイヤなどなど。

しかし、介護が必要な高齢者は確実に増えています。需要と供給のアンバランスを解消するため、フィリピン人やインドネシア人の雇用が促進されていますが、私はフィジー人もおすすめしたいところです。

ところで、老人ホームにはいないフィジー人の高齢者は日々、何をして過ごしているのでしょう？　特別なことは何もしていません。ただ、家族や親戚、友達と一緒に、みんなで会話を楽しんでいます。

私が勤務する語学学校には、60歳以上の日本人のシニア学生さんもいらっしゃいます。そんな彼らを見て、フィジー人教師たちはこう言います。

「60歳超えてんのに、あの行動力はスゴイなぁ。住み慣れた国を離れて、わざわざ不便な発展途上国に来るって。しかも、あの歳で若者に混じって英語を学ぶ向上心。ほんまに頭が下がるわ」。

私もそういうアクティブ・シニアをリスペクトしています。ただ、フィジー人は知らないのです。日本はそんなシニアばかりではないことを……。

日本では、1人暮らしの老人がだれにも看取られずにひとりぼっちで逝ってしまう「孤独死」が社会問題になっていますね。

日本は特に都市部で、地縁・血縁の社会が崩壊してしまっています。ですので「無縁社会」なんて言葉が流行語になったりします。ほかにも、2004年に流行語になった「自己責任」。これも「つながり」とは真逆の概念です。

たしかに、自分の行動に責任を持つことは大事です。しかし、この言葉、なにか寂しい感じがしませんか？

自分以外のだれも責任なんかとってくれないという冷たさはおかしい。挑戦して失敗した人を「自己責任」と見捨てる社会より、その挑戦を称えつつ「失敗の責任をシェア（リスクシェア）」するケレケレ社会に、私なら住みたいと思います。

東日本大震災が起きた２０１１年。流行語としてだけでなく「今年の漢字」としても選ばれたのは「絆」でした。ポスト３・11、日本にケレケレ的な絆文化がどんどん広がっていくことを期待しています。

29

温暖化で沈みゆく国を見捨てる先進国、救うフィジー

フィジー人は国家規模でつながりを大切にしています。

フィジーから北へ約２０００キロ離れた赤道付近に、キリバスという国がありま

す。太平洋に浮かぶ33の環礁で構成されており、国土面積は730平方キロ。対馬とほぼ同じ大きさで、人口は約10万人。フィジーよりさらに小さな国です。

第二次世界大戦中には日本軍が占領し、米軍と激戦を交えた地でもあります。現在、国民は魚を獲ったり、コプラ（ココナッツの胚乳を乾燥させたもの）をつくったりと、半自給自足的な生活を送っています。軍隊も持たない平和なこの国で、今、大きな問題が起きています。それは何か？

地球温暖化の影響で海面が上昇し、国家が水没してしまう危機なのです。

自分が生まれ、育ってきた国が消滅してしまう。いったいどんな気持ちなのでしょうか？　そして、現実にそれよりも切実なのは「そもそも移住させてくれる国はあるのだろうか」という悩みや「移住先がなければ、このまま死ぬしかないのか」という不安です。

そんな状況の中、2014年2月11日、フィジーのエペリ・ナイラティカウ大統領はキリバスの首都タラワを訪問して、公式にこう発言しました。

「国際社会が温暖化対策に失敗し、海面が上昇し続ければ、キリバスの人たちの一部、もしくは全員がフィジーに移住する必要があるかもしれない。われわれは

困っている隣人に背を向けることはない」。

約10万人のキリバス人を人口88万人程度の小国フィジーが受け入れる。そう宣言したのです。

フィジー人は困っている人たちを放っておくことができません。それでこそフィジーです。「人類みな兄弟」を地でいきます。キリバス人にとってフィジーは救世主。このニュースを知った時、感動で鳥肌が立ちました。

反対にこんな例もあります。世界でいちばん最初に沈む国として有名なツバルは、キリバスのご近所さん。人口は約1万人です。

2000年、ツバルはオーストラリアとニュージーランドに同じく水没危機の難民として受け入れを要請しました。しかし、オーストラリアは拒否。ニュージーランドは難民と認めず、労働移民として年間75人の受け入れを約束するに留まりました。

温暖化の原因のひとつは、二酸化炭素を含む温室効果ガスと言われていますよね。それを排出しまくっているのはオーストラリアやアメリカなどの先進国なのに。ツバルからすれば「ふざけんなっ！」です。

1997年、京都で開かれた国際会議で、温室効果ガスの排出量の削減を目的とした京都議定書が採択されました。世界190カ国以上がこれを承認。世界で最初に承認した国は、なんとフィジーでした。1998年9月のことです。オーストラリアは2007年にようやく承認。アメリカはついには承認せずでした。

一部の先進国は「地球の環境」より「自国の経済発展」を優先します。だから、ツバルからもキリバスからも環境難民を受け入れることはありません。受け入れると、衣食住の生活費や教育費を国が負担することになるからです。

大統領の発言について、フィジー人医師に感想を聞いてみました。

「困ってる人に手を差し伸べる。当たり前のことや。たとえフィジー国民が負担を負うことになっても、それは光栄なことやねん。逆に、ほかの国がなんでできひんのか理解できひん。大統領の発言、俺はフィジー人として誇りに思うわ」。

キリバスについて、ナイラティカウ大統領はこう続けます。

「フィジーも海面上昇に関する問題はある。この危機を協力し合って戦っていこう。最悪の事態になったとしても、あなたたちが難民になることはない。堂々とフィジーに移住できる。キリバスの人たちの魂は場所がかわっても生き続ける」。

小国フィジーを私は誇りに思います。

3・11を忘れる日本人、今も祈り続けるフィジー人

東日本大震災からもうすぐ5年になります。メディアでは「被災地外の関心の低下」が叫ばれています。あれだけすさまじい被害だったのに……。日本人は忘れやすいのでしょうか。

そんな中、ある噂を耳にしました。震災当初から、ずっと日本のために祈り続けてくれているフィジー人の女医さんがいるというのです。

私が勤務する語学学校の近所に彼女が開業した個人医院があると聞いたので、２０１５年の5月に会いにいってみました。

彼女の医院は町の隅にありました。こじんまりとして、少し古びた外観です。中に入ってみると、診察が終わった様子の患者さんが快活な医師らしき女性と一緒に診察室から出てきました。

「すいません。お医者さんですか?」**「そうやで。診察室に入ってや」**「診察じゃないんですけど、いいですか?」**「ええよ」**。

特に戸惑う様子もなく、笑顔で診察室に通してくれました。

「僕は日本人です。4年前、日本で震災がありました。先生は日本のことを想って、4年経った今でも祈ってくれているという話を聞いて、お会いしてみたくなってやって来ました」。**「そうなんや。わざわざありがとうね。あの時テレビで被害の状況を見て、めっちゃショックやったんよ。15時を指したまま止まっている時計が印象的でな、目に焼きついてるわ。だから、毎日15時頃に診察の合間をぬって、祈りを捧げてるんよね」**。「そうなんですね。当事者である日本人ですら、震災のことを忘れかけている人たちがいるのに。どうして4年もほかの国のために祈り続けることができるんですか?」

質問してみると、逆に、笑顔でこう返されました。

「なんでやめることができるん？」

私は何も答えることができませんでした。

日本人の悲しみはフィジー人の悲しみ。遠い国の日本で起きたことなのに、まるで自国のことであるかのように、自分の家族が被害に遭ったかのように感じてくれています。

人として大事なものとは何なのか、フィジー人からいつも学んでいます。

結論

なぜ「つながり」は人を幸せにするのか？

フィジー人はだれとでもすぐに家族のように仲良くなることができます。なぜなのでしょうか？

これまでお話ししてきたように「あらゆるものを共有するから」「相互扶助の文化だから」「人と話すのが最大の娯楽だから」「地縁、血縁、教会縁が強固であり、ネットワークの基盤が強くて広いから」「時間に余裕があるから」などなど、理由はいろいろあると思います。

それにくわえて「ブラ」と「カバ」という文化もつながりをつくる重要な要素になっています。ブラ？　カバ？　何のことかわからないと思いますので、少し紹介させてください。

「ブラ（Bula）」は、フィジー語の「こんにちは」です。フィジーを訪れたことがある人はこの言葉の魔力を知っているはずです。たった2文字の言葉ですが「こっちは心をフルオープンにしてるんやで」というメッセージが込められているように感じます。

フィジー人はいつも、満面の笑顔で「ブラッ！」と挨拶してくれます。笑顔は伝染するので、自然にこちらも笑顔になります。生物界でヒトだけが使える笑顔という武器をフィジー人はフル活用しています。

挨拶したあとは握手、もしくはハグのボディタッチ。所要時間は合計2秒ほど。これでもう家族の一員かのようになります。

もうひとつの「カバ」とは飲み物です。コショウ科の木の根っこを乾燥させ、粉状にしたものを布で包み、水の中でしぼり出したもの。見た目は泥水、味は漢方薬。飲むと舌がピリピリとしびれます。

フィジーには「カバ・セッション」なる飲み会の文化があります。だれかの家かカバ・ショップに夕方くらいから集まり、そこでカバを飲みながら深夜まで語らいます。彼らは「カバ・セッションのために生きている」と言っても過言ではありません。「No Kava No Life」です。

ここで「つながり」が量産されていきます。

カバには鎮静作用があります。なので、**飲めば飲むほどテンションが上がるお酒とは逆で、飲めば飲むほどテンションが下がる**「アンチ・エナジードリンク」です。リラックスしすぎて、カバ・セッションの終盤は沈黙状態になっていることが多く、おしゃべり好きなフィジー人には、バランスを調整できる飲み物かもしれません。

カバのリラックス効果を期待して、面接やプレゼン、初デートなどのプレッシャーがかかる場面を前に飲用する人もいるようです。不安や緊張、ストレスを和らげてくれるので、不眠症や更年期障害にも効果があります。そんなカバの成分を使ったサプリメント商品も世界各国で販売されていました。しかし、2000年頃に「カバの成分が肝障害を引き起こす可能性がある」という報告が相次ぎ、ヨーロッパでは販売禁止になり、アメリカでも危険性が指摘されました。

それから十数年。世界各国でカバ研究が進んだ結果、カバの茎や葉からの抽出物に問題があることがわかってきました。フィジーのように、根っこの部分を使えば問題はないようです。さらに、うつ病患者やガン予防にも効果があることも実証されてきました。

超ストレス社会の現代、ヨーロッパではカバ解禁の流れがあり、アメリカでもニーズが伸びてきています。カバの木が自生しているエリアは世界でも限られていて、フィジー、バヌアツ、トンガ、サモア、ハワイなどの太平洋上の小さい島国くらいなのです。フィジーのカバ農家が世界の悩める人たちの救世主になれるかもしれません。

フィジー社会に浸透しているカバ・セッション。もともとは「セブセブ」という儀式が日常化したものです。

セブセブとは、村に訪問者が入る時の許可を酋長からもらうための儀式です。まず、訪問者がカバの木の根をギフトとして差し出します。そのあと訪問者と村人たちがみんなでカバを回し飲みします。そうやって一体感が醸成されていくのです。

セブセブという仕組みを使って、フィジー人はよそ者を受け入れることに慣れ親しんできました。フィジー人がだれとでも家族のように仲良くなれるルーツは、ここにあります。

それでは結論です。なぜ「つながり」は人を幸せにするのか？　それは、人はもともと「利他」という行為によって幸せを増やしていく生き物だからです。

幸福を研究する心理学者、マーティン・セリグマン博士は言います。

「幸せな人に他人とのつながりが増える原因は、その利他主義にある」（『世界でひとつだけの幸せ』（アスペクト））。

「利他」とは、他者の幸せを願うこと、あるいは自分の働きかけによって他者に利益を与えることです。

国民の利他度を測るひとつのデータとして「世界寄付指数」というものがあります。これは「金銭的な寄付」「ボランティア活動への参加」「見ず知らずの他人を助ける」という3つの利他的行為を過去1カ月以内にしたかどうかを数値化したものです。

２０１４年版の世界寄付指数によると、１３５カ国中、日本は90位です。「見ず知らずの他人を助ける」にいたっては１３４位で、カンボジアに次ぎ世界ワースト２位。このデータをそのまま受け入れるとすれば、日本人は利他度がかなり低いということになりますね……。セリグマン博士はこう続けます。

「私たちは幸せなとき、人に対して寛大で、友好的で、そして他人にも幸運を分けたいと思う。しかし気分が落ちこむと、人を疑い、内向的になり、自分の富だけを守ろうとする。つまり、ナンバーワンをライバル視するのは、幸せな人の特徴ではなく、不幸せな人の特徴なのだ」。

たしかに、フィジー人には「うらやましい」という感情が少ないように思います。フィジーの高校に留学している日本人の女子高生がこんなことを言っていました。

「日本だと、テストで良い点をとったらほかの人からひがまれちゃう。でもフィジーだとみんなが素直に褒めてくれるし、一緒に喜んでくれる」。

小さなことからもしれませんが、ここに幸せの秘訣はあるのです。

フィジー人は「あいつがうらやましいから、俺もがんばって○○を実現しよう」という未来思考型ではありません。他人の「今」の幸せを一緒になって素直に喜ぶ現在思考型です。「うらやましい」という嫉妬心が一概に悪いというわけではないと思います。そこから競争意識が芽生えて努力をすることだってありますから。

しかし、友達の幸せを自分のことのように喜ぶことができるということは、**友達の幸せ分も自分の幸せ分としてカウントできる**ということです。つまり、単純に考えれば、友達が100人いれば100倍の幸せを感じることができるのです。

日本には有名なことわざがありますね。「隣の芝生は青い」。しかし、フィジーならば、このことわざは次のように変化するでしょう。

「隣の青い芝生で一緒に遊ぼう」。

そんなイメージで生きられたなら、毎日はとても幸せでしょう。

ヒトの
しあわせを
よろこべば
アンタも
しあわせ

21世紀の「つながり幸福論」を手にする

いよいよ、この本も終わりにさしかかってきました。フィジーの非常識な幸福論はいかかでしたか？　参考になる話もあれば、ただおかしいだけの話もあったかと思います。

しかし、フィジー人が持つ4つの「幸せの習慣」は、21世紀の研究成果として、本質的に正しいと証明されていると言えるのです。

幸福は学ぶべきもの「幸学」の時代です。マーティン・セリグマン博士とエド・ディーナー博士の研究によれば、幸福度の高い上位10%の人たちの共通点はたったひとつだけ。

それは「社会との結びつきが強いこと」です。

フィジー人の4つの幸せの習慣も、ここに集約できそうです。

まず「共有」することで身近な人々との「結びつき」は強化されま

す。次に、あるべき論に固執せず「テキトー」になることで、寛容になり、多様な「結びつき」が生まれます。そして「現在フォーカス」することで、本当に大切にすべきものがクリアになり「結びつき」の優先順位を高くキープできます。

そして最後に、ハーバード大学のクリスタキス博士の調査によれば、

「幸福は人から人へと伝染する。近しい知人が幸福だとすれば、自分の幸福度は約15％上昇する。知人の知人が幸せだった場合でも、約10％上昇、知人の知人の知人でも、約6％上昇する」。

つまり、幸福の鍵は「つながり」が握っています。地球上に自分1人しかいなかった時、幸福を感じることができるでしょうか？　おそらくできないでしょう。幸福は人と人の間に存在するものだからです。

これは、まさにフィジー人の特徴そのものだと思います。

幸福は人と人の間に存在する。だからこそ、

○モノや経験は1人で所有するのではなく「共有」する
○「テキトー」を適当にすることで古びた制約から自由になる
○「現在にフォーカス」して限りある人生という時間を有効に使う
○結果、本当に必要な「つながり」を生み出し、そのつながりと生きる

これが、世界でいちばん幸せなフィジー人が教えてくれた**「21世紀のつながり幸福論」**とでも呼ぶべきものです。

そして、いち早くそれに気づき、実践しはじめた日本の若者は、今後ますますフィジー人のように幸福度を高めていくでしょう。私たちも見倣うべきところは見倣い、できることから始めていくべきです。

幸福途上国の日本人が幸福先進国のフィジー人に近づいていく。今は非常識に思えるフィジーの常識が日本の常識になっていくのも、そう遠くないかもしれません。

この本の最後に、幸福に関わる調査結果についてお話しします。

75年という長期にわたり、２０００万USドル（約20億円）を投資しているハーバード大学の研究があります。その研究を指揮した同大学の精神科医であるジョージ・バイラント博士は、研究の結果を非常にシンプルにこう語りました。


「幸福とは愛です。それ以上の何物でもありません」。


20億円かけて出た結果がそれなの？　そう思う方も多いでしょう（笑）。

研究結果のとおり「幸福＝愛」であるなら、**フィジー人は世界でいちばん愛にあふれた人たちである**ということです。

日本でのサラリーマン時代、寝ても覚めても仕事のことが頭から離れない日々に「これでいいのか？」という疑問や不安を感じていました。しかし、それを心の奥底に追いやり、自分を誤魔化しながら生きていました。

フィジーに来て8年半、世界でいちばん愛情深い民族との「つながり」を紡ぎ続けた結果、日々、幸福感に満たされながら心穏やかに過ごせるようになりました。フィジー人レベルにはまだ到達できていませんが、ケレケレ感覚も染みついてきたので、Tシャツを無断でだれかに着られていても、もう腹が立つことはありません。

フィジーのおかげで「これでいいのか？」と不安な自分から「これでいいのだ」という安心な自分に変わることができました。フィジー人は「バカボンのパパ」のようです。

アランはこう言っています。

「幸せであることは、他人に対する義務でもある」。

なぜなら、不幸せ、退屈、憂鬱といったよどんだ空気を浄化する必要があるからだとアランは説明しています。普段はテキトーなフィジー人ですが、**幸せである義務に関していえば、世界一マジメに果た**

していることになります。

日本人はどうでしょうか？

労働者の権利である有休や育休も満足に取得せず、熱心に仕事に邁進し、寸暇を惜しんでは自己啓発をしたりしていますが、それでは労働の義務を果たしてはいても「幸せである」という義務を怠ってしまってはいないでしょうか？　幸せになるために勉強や仕事に懸命に励んでいるのに、何かおかしくないですか？

当たり前のように、私たちは幸せになっていいのです。

アランはこう続けます。

「自分の仕事やキャリアのためなら、みんなそれぞれかなりの努力をする。それなのに、たいていの人は、自分の幸せのためには、家でなんの努力もしないのだ」。

私たちは、幸せになるために生きているはずです。

「幸せである」という義務をサボっていても、罰金を取られるわけではありません。しかし、罰金の代わりに、もっと大きな罰則が与えられます。「幸福」という、人生最大の目的が未達成に終わるという罰則です。

そうならないために、

「あなたが『今』からできることはなんですか?」

この質問をもって、はるか南の小さな島からのメッセージを締めくくりたいと思います。

おわりに

序章で触れたように、私とフィジーとの出会いは2007年に参加した「世界青年の船（第19回）」事業でした。人生最幸のきっかけを与えてくれた本事業に少しでも恩返しをしたく、2013年、再び「世界青年の船（第25回）」に参加しました。今度は参加者としてではなく、スタッフ（教育コースのファシリテーター）として。

船上で世界各国の若者たちに対して「事業終了後、どういう社会貢献をしていくのか？」という問いを投げかけ続けるうちに「では、私自身はどんな貢献ができるのか？」と自問するようになりました。参加青年たちに問いかけるだけでは説得力に欠けると感じ、みなに宣言したのがフィジーに関する本の出版でした。

100カ国を周遊し「最幸」と惚れ込んだフィジー。その魅力をもっと多くの方に知ってもらうべく、一冊の本にまとめよう。そうして生まれたのがこの本です。

この本を手にとり、ここまで読み進めていただいたあなたには本当に感謝の気持ちでいっぱいです。

と同時に、あなたにフィジーの魅力が少しでも伝わっていたなら、私にとって格別の思いでもあります。もしフィジーに来てみたくなったのであれば、ぜひぜひ来訪ください。

人生、だいたい80年と言われます。日数に直すと、3万日程度です。その1/1000にあたる1カ月くらいの時間を投資して、目からウロコな幸せのヒントを得る価値は十分にあると思います。

もちろん、出版して終わりではありません。フィジーと日本、両国の架け橋となれるよう、親善大使（自称）として、今後ともフィジーの魅力を継続して発信していこうと思います。せっかく見つけた「自分版・世界でもっとも住みやすいランキング1位」の国ですから。

また出版に際し、お世話になった多くの方々にこの場を借りて、御礼申し上げたいと思います。
出版プロジェクトのきっかけをつくってくれた、第25回世界青年の船（教育コース）のメンバーたち、フィジーでの仕事や生活をいつも楽しく充実したものにしてくれる共に働く仲間たち、「歩みを止めなければ、必ず本は完成する」と励まし続けてくれたフリーライターの今一生さん、「この人と本をつくりたい」と強く願い憧れ、その私からのラブコールに応え、スマートなアイデアを提案し続けてくれた、いろは出版の大塚編集長、遠く離れた大阪からいつも応援してくれている両親と姉、そして、私のいちばんの理解者であり、運命共同体であり、勇気や幸せの源である、最愛の妻へ。心の底から「ありがとう」。

永崎裕麻

Special Thanks

今回の出版に際し、きっかけと勇気と知識を与えてくれた皆様に心から感謝です。また、日本かフィジーか世界のどこかで再会し、最幸の時間を一緒に過ごしましょう！

赤嶺弓絵、秋山明日香、伊井頼子、市川恵、稲田はるな、井上奈緒子、今村楯夫、岩内正輝、臼井早紀、大庭知恵、籠橋輝子、金森愛実、唐澤直子、川井祥菜、川真田由貴、川村健、木学知子、菊本裕聖、木原恵、清井あゆみ、清田優、金田一真衣、楠橋のり子、久保健太郎、倉田義大、小池美香、河野紘毅、古峨美法、小坂☆啓、小島まき子、小堀綾、今一生、齋藤珠恵、貞包みどり、鹿野芽衣、嶋田真巳、清水御冬、白川将寛、鈴木隼人、鈴木康弘、須見和敬、瀬口祐梨子、高木善之、高塚大揮、立山淳、田中瑠里、田中純子、田中裕子、谷川真弓子、谷口浩、谷本美佳、谷本百合香、堤憲治郎、東梅好美、中村雅人、野村泰史、ハミルトン朋子、早田彩乃、蛭川麗、央明、ホセ・サノ・タカハシ、前田恵美、増戸聡司、松岡広子、松尾早恵、光代、村田仁美、メレセイニ・バレイレブカ、森拓真、山川裕子、裕季子、横溝裕貴、吉田沙由里、ヨンスク、LAU、ローベンダン友恵、渡辺秀和

（あいうえお順、敬称略）

世界でいちばん幸せな国フィジーの
世界でいちばん非常識な幸福論

2015年12月1日　第1刷発行
2020年1月18日　第3刷発行

著者　永崎裕麻
編集　大塚啓志郎（いろは出版）
発行者　木村行伸
発行所　いろは出版株式会社
京都市左京区岩倉南平岡町74
TEL　075-712-1680
FAX　075-712-1681
印刷・製本　株式会社シナノパブリッシングプレス
装丁　坂田佐武郎

乱丁・落丁本はお取替えします。

ISBN 978-4-902097-98-6

H　P　http://hello-iroha.com
MAIL　letters@hello-iroha.com